小运动，随心做

[日] 长岛康之 著

朱佳琳 译

运动一定要挥汗如雨、痛苦万分？本书致力于改变人们对运动的常规看法，鼓励人们通过一些轻松的日常动作养成锻炼的习惯，在无形中改善自己的身体机能，重新获得对身体的掌控权。本书适合因各种理由不想运动的人阅读，同样也适用于运动时不慎受伤的人。

運動未満で体はととのう
© Yasuyuki Nagashima 2022
Originally published in Japan by Shufunotomo Co., Ltd.
Translation rights arranged with Shufunotomo Co., Ltd.
Through Shinwon Agency Co.
此版本仅限在中国大陆地区（不包括香港、澳门特别行政区及台湾地区）销售。未经出版者书面许可，不得以任何方式抄袭、复制或节录本书中的任何部分。
北京市版权局著作权合同登记号　图字：01-2024-1430 号。

图书在版编目（CIP）数据

小运动，随心做 /（日）长岛康之著；朱佳琳译.
北京 ：机械工业出版社，2025.1. -- ISBN 978-7-111-77469-3
I. G883
中国国家版本馆CIP数据核字第2025H0H785号

机械工业出版社（北京市百万庄大街22号　邮政编码100037）
策划编辑：张潇杰　　　　　　责任编辑：张潇杰
责任校对：王荣庆　张　薇　　责任印制：任维东
河北京平诚乾印刷有限公司印刷
2025年5月第1版第1次印刷
165mm×210mm・11.25印张・90千字
标准书号：ISBN 978-7-111-77469-3
定价：49.80 元

电话服务　　　　　　　　　　网络服务
客服电话：010-88361066　　　机 工 官 网：www.cmpbook.com
　　　　　010-88379833　　　机 工 官 博：weibo.com/cmp1952
　　　　　010-68326294　　　金 书 网：www.golden-book.com
封底无防伪标均为盗版　　机工教育服务网：www.cmpedu.com

仰卧起坐?平板支撑?都不需要。
只要稍微改变一点心态
就能在日常生活中进行锻炼!

前　言

最近一周早起时，你有过从心底里感觉"今天状态超好"的时候吗？

起床后身体沉重、上个楼就呼吸急促、持续头痛和肩痛、提不起劲……这些不适感，让你既说不上来病名，又不至于去医院。如果你有以上情况，本书将尽可能帮助你把身体调整到良好状态。对一些想要养成运动习惯，但不喜欢跑步，甚至没有体力去健身房的人，本书也总结了很多小技巧，让你能够拥有一副灵活的身体。

虽有些迟，请容我介绍一下自己。目前我在东京门前仲町一带经营着一家整骨院和一家矫正体态的健身馆，也曾在医院做过康复训练指导，担任过职业运动员（包括前职业棒球运动员工藤公康）的教练。作为治疗师，我累计为 12 万人提供过服务，帮助他们从根本上改善各种身体的不适和疼痛。

"不能自由地活动身体。"

"肩膀僵硬和腰酸背痛是常有的事。"

"光站着就很快会感到疲惫。"

每天因各种不适来整骨院就诊的人络绎不绝。其中也有人尝试了多家医院的骨科，却不见好转，最后找到了我这里。最近，我这里不光有看腰痛、膝关节疼痛和肩痛的患者，还增加了不少受到眩晕、情绪低落和失眠等问题困扰的人。

整骨院是一个多功能的治疗中心，它不仅能处理扭伤、跌打损伤和脱臼的问题，还提供人工手法和器械辅助疗法，以缓解关节痛和腰痛等慢性病症。虽然我持有柔道整复师的专业证书，但我并不是医生，不能进行手术和用药。

尽管如此，在我的整骨院和健身馆接受过治疗的人都康复出院了。他们不仅摆脱了反复发作的腰痛、慢性的肩膀酸痛和膝关节变形等各种问题，还从眩晕和疲劳感等不适中获得了解脱。

如果你的身体有不明原因的不适感，可能你已经尝试过各种"让自己变健康"的方法。比如尝试采用在电视上看到的流行方法，或是下定决心办理健身房的会员卡。可是，自己却坚持不下来。为什么呢？这是因为我们对此抱有过高的期望，想要一下子达到目的，追求立竿见影的效果。你是不是也有过以上经历？

然而，从大脑的工作原理来看，身体常年浸染了不健康的习惯，想要一下子得到改善是不可能的。大脑倾向于选择轻松和安全的一方，而不善于接受较大的改变。因此我们不是没有动力而无法坚持，只是因为大脑在抵触。一个人要想改变多年累积的不健康习惯，就只能够持之以恒，逐步进行改善。

我见过有的人从根本上改善并解决了自己的问题，也见过很多人用"意志薄弱""体力不济""工作繁忙"等各种理由错失了让自己变健康的机会。

本书也致力于帮助这些人迈上奔向健康的起跑线。

下面就由我来介绍两个实例吧。

第一个例子是60多岁的金田先生，因为闪了腰而无法动弹，他只能拄拐走路。

他在医院被确诊患有疝气，反复住院、出院约一年时间，一直处于卧床不起的状态。长期的住院生活使他的肌肉力量急剧下降，走路也变得很困难。出院后，不得已只能依靠轮椅生活。后来，尽管他能够走路了，腰却已经弯到了90度，再也离不开拐杖。来我院的时候，他才 65 岁，却看起来像个老爷爷。

对于金田先生这种情况，我们不仅使用了人工手法和器械进行治疗，还告诫他"不要一动不动，要尽可能地活动起来"。活动时只需要注意以下两个要点："腹式呼吸"和"使用脚后跟站立、行走"。在牢记这两点生活了一段时间之后，他的体态看起来越来越好，甚至在一年后，即使不用拐杖也能做到健步如飞。

为什么会这样呢？

因为人体在细胞层面是不断运动的，如果身体不动弹，不光肌肉力量会下降，整个身体机能也会不断退化。更极端地讲，"停止活动就意味着死亡"。因此，金田先生的诊疗方案不是"静养"，而是尽可能活动，哪怕只活动一点点。首先，我们教他"使用脚后跟踩地"的正确站姿，这样身体的重心会更加稳固。只要明白哪里是正确的发力点，即使不做深蹲和举哑铃的肌肉训练，也能调节身体平衡，自然地增强肌肉力量。

之后的三年，金田先生一直在 nicori 健身馆坚持训练。现在他变得肌肉发达，下半身肌肉非常结实，胸脯也变厚了，完全看不出是 68 岁的样子。他还笑着跟我们说："参加同学会的时候，自己是最年轻的一个。"那一瞬间，我真心觉得自己做这份工作实在太好了。

下面我想举的例子是40岁的田畑女士，她深受眩晕和手臂麻木的困扰。因为一直抱有原因不明的不适感，田畑女士去某大学的附属医院接受了检查，却找不到缘由，于是忐忑不安地来我院咨询。经过深入交流，她表示自己从40岁开始，就患上了支气管哮喘和严重的皮肤过敏，并且曾在某大学的附属医院接受过治疗。通过药物治疗，她的症状逐渐得到改善。为了保持身体健康，她开始散步和跑步，却频繁出现像晕船一样的眩晕和头痛症状。每当眩晕来袭时，她就无法随心所欲地活动身体。

在我院做检查的时候，我发现田畑女士的身体有相当程度的变形。右肩下垂，整个身体处于前倾的状态。当我要求她走动时，她的左手臂一直耷拉着，无法摆动。她居然还在这种糟糕的状态下跑步！

我判断，造成田畑女士不适症状的原因之一是，生病导致她无法随心所欲地活动，从而使肌肉力量下降，而以自己的姿势跑步加速了身体的变形，使自律神经紊乱不堪。显然，她无法接受自己不能动弹的事实，不安感越来越强烈，认为"自己如果不服用抗眩晕的药物，将难以生活下去"，深陷负面循环，渐渐失去了精神。

对于麻痹和眩晕的症状，大多数医院会给出"静养"的治疗方案，但我除了让她在整骨院接受治疗外，还要求她像金田先生一样，尽可能在家做"用力呼气""使用背部摆动手臂"和"向前弯腰"的运动练习。尽管有眩晕症状，田畑女士还是想让身体活动起来，并打算参加半年后的马拉松比赛。我们教给她身体正确发力的方法，在日复一日的练习中，田畑女士渐渐能动起来了，这给了她自信。虽然她有上进心，但往往会自我否定，因此我鼓励她每做成一件事就对自己说"做得好"，养成表扬自己的习惯。

三个月之后，田畑女士能够在不服用抗眩晕药物的情况下跑起来，消除了长久以来积攒在内心里的极度不安，她恢复的速度也变快了不少。在立志参加的马拉松比赛上，她跑得比以前更快，获得了好成绩。

现在，她完全摆脱了麻痹和眩晕的症状，从我院健康"毕业"了。此外，她还学习了专业的训练知识，获得我们健身馆认证的"训练顾问"证书。

作为一家整骨院，我们是无法进行外科手术的。每个人的病情之所以能得到好转，是因为我们并不只关注显而易见的症状，还会根据顾客的心理状态，以及使用身体的方式进行综合诊断与应对。

当有人在抱怨"疼痛"或"难受"的时候，人们通常会不由自主地把注意力放在患病部位，而我则会试着了解这个人的背景状况。背景状况包括生活习惯、身体癖好、人际关系和对待不适的心理状态。不适并不仅仅是出于身体原因，也会由心理和社会方面的问题所引起。金田先生遇到的问题是，腰扭伤导致他支撑身体的肌肉力量下降。田畑女士则是除了肌肉力量下降和体态变形之外，还因为无法如愿活动身体而产生了不安和恐惧。这些心理因素耽误了病情的恢复。在明显的伤痛和疾病之外，睡眠不足、工作疲劳、友情危机等各种因素也会使我们陷入不适的循环之中。如果不解决根本原因，我们就无法获得真正的健康。

我之所以执着于从根本上改善问题，是基于我自身的经历。上学时，我曾立志成为职业棒球运动员，却因患上了横纹肌溶解症，而结束了自己的运动员生涯。我过去担任队长一职，也经常作为主力队员代表关东地区出战，当时那种绝望的心情难以言表。后来，我一直坚持在某大学的附属医院和整骨院接受治疗,依然相信自己能再打棒球。然而,现实并不尽如人意。虽然疼痛暂时消失了,但它还是会卷土重来。最终,我通往职业棒球手的道路被彻底封闭了。现在回想起来,伤病的根本原因是投球和击球的姿势问题。我没有采取行动对它进行改善,还一直重复同样的动作,当然会导致疼痛复发。之后,我意识到仅靠外科治疗没办法获得真正的健康。

进入治疗行业后,我遇到了工藤公康先生。他让我懂得训练(运动指导)和治疗相结合的重要性。除了柔道整复师相关的知识和技能之外,我还学习了美国最新的医疗技术,开始更加深入地了解人体知识。此外,我还在专业机构学习了脑科学、心理学、运动学、疼痛医学等多个领域的知识,满怀诚挚之心,致力于改善顾客的身心健康。

"我第一次对自己的身体有了认识。"

"我开始意识到养成运动的习惯很重要。"

"我觉得不能对自己的身体置之不理。"

令人欣慰的是,来我院就诊的患者都开始正视自己的身体,并享受身体正在发生的变化。

虽然大家一开始会找各种做不到的理由,比如"工作忙""不擅长运动"等,但一旦有了改善不适症状的明确目标,他们就会逐渐改变心态，并付诸行动。只用两周时间，就会感觉到身体变轻松了。

"只是改变心态就能变得健康吗？"

似乎总能听到这样的疑问，而我的回答当然是"YES"！

今日的不适来自昨日的累积。如果你感到疲惫，那是因为你睡眠不足；如果你肩痛或腰痛，那是因为身体发力的方式不正确；如果你皮肤粗糙，那是因为你饮食失衡……一切都取决于你自身的选择和行为。要想从明天开始变得健康，你只需要从今天开始保持好心态，并行动起来。

不需要动力或者毅力。

也不需要逼迫自己，大汗淋漓。

正因如此，也不会三天打鱼两天晒网，最后放弃。

你需要做的就只是"小运动"而已。

不需要努力就能做到的事情有很多，如"站立""行走""呼吸""晒太阳"等，因此我希望你能改变心态，把这回当作最后一次，坦然面对。

在第二章中，我将告诉你一些秘诀：如何把明明知道却做不到的事情做成，且养成习惯。在第三章和第四章中，我将为你讲解一些技巧：如何借助"小运动"变得健康。请从认为

"自己能做到"开始,迈出变得健康的第一步吧。

在往下阅读之前,请答应我一件事。

"不要否定自己,每天表扬自己一次吧。"

表扬自己可以给大脑良好的刺激,自然也会激发你的动力。

首先,请允许我给拿起这本书的你点个赞。然后,请你也表扬一下自己为了改善健康而买书的行为吧。

目 录

前言

第一章

倦怠、眩晕、郁闷、头痛、心悸、焦躁、失眠、起不来……不适是从哪里来的呢? ………………………………… 1

疲惫和疼痛是大脑发出的求救信号 ……………………2

疫情给生活带来巨变,患有不适症状的人越来越多 ……5

经常自我否定的人会错过求救信号 ……………………9

日积月累的不健康习惯造就了现在的你 ………………13

每天运动不足导致自己陷入不适的循环 ………………16

身材、体重与20年前相同的人需要注意 ………………19

卧床不起还是延长健康寿命，40岁是分水岭 ………… 22

专栏一　越是获取信息方便的时代，越不能被信息左右 …… 24

小结 ………………………………………………………… 26

第二章
"从坏习惯到好习惯"改变日常生活中的心态
不依赖动力也能摆脱"不健康习惯"的小技巧 ………… 27

不必去健身房，通过"小运动"来改变身体 …………… 28
没动力也无所谓，先试着做起来 ………………………… 31
从不费力的小事开始，日积月累养成习惯 ……………… 34
细胞会定期更新，任何年龄都能改善身体 ……………… 37
80%的人都是消极的，从写出不安与不便开始 ………… 39
如果你无法用语言表达，与其烦恼不如行动 …………… 44
通过可视化的方式积累成功经验 ………………………… 47

小结 ………………………………………………………… 50

第三章
不需要仰卧起坐和深蹲
只要意识到"重心放脚后跟"就能改变人生 ………………… 51

正视自己的身体，自我检查姿势和肌肉力量 ……………… 52

持续用重心偏移的姿势，会引发各种不适和疼痛 …………… 58

稳定身体的肌肉力量下降，会导致腰椎前凸和驼背 ………… 62

有意识地活动身体的三个面，保持身体随时在线 …………… 65

即使无事发生，身体为了保护头部也会紧绷僵硬 …………… 68

为了保持身体的稳定性，把重心放脚后跟站立 ……………… 71

只要"重心放脚后跟"站立，就能调节姿势，绷紧身体 ……… 75

有意识地腹式呼吸，无须仰卧起坐，一年365天

　　都能锻炼身体 …………………………………………… 81

"重心放脚后跟""腹部运动"能让身体轻松活动，

　　消除疼痛 ………………………………………………… 87

进行日常练习吧！重心放脚后跟·腹部运动的

　　基本动作技巧 …………………………………………… 90

　　　基本① 　站立（姿势） ……………………………… 90

　　　基本② 　坐下·站起来 ……………………………… 91

| 基本③ | 行走 | 92 |
| 基本④ | 上楼梯 | 93 |

进行日常练习吧！重心放脚后跟·腹部运动的
日常动作技巧 ································· 94

场景①	起床	94
场景②	坐着办公（电脑）	95
场景③	看手机	96
场景④	刷牙	97
场景⑤	抓扶手	98
场景⑥	做饭（洗碗、烹饪）	99
场景⑦	用拖把	100
场景⑧	系鞋带	101
场景⑨	拿起重物	102
场景⑩	拧瓶盖（塑料瓶、玻璃瓶等）	103
场景⑪	抱孩子	104

专栏二　事先了解身体哪里应该稳定和活动，
　　　　以便发挥身体功能 ···················· 105

专栏三　利用空闲时间进行"随同训练"
　　　　来改善身体 ························· 107

小结 ·· 108

第四章
调节自律神经，彻底改善失眠和疲惫感
只需一秒！自然迸发动力的小习惯 ················ 109

不擅长休息的人更容易疲劳 ································ 110

睡眠不足是侵蚀身心健康的元凶 ·························· 115

慢慢地深呼吸，进入休息模式 ····························· 117

生活方式变得多样化，不规律比规律更加普遍 ········· 120

早上开启！晚上关闭！下意识打开开关的小习惯 ······ 122

- 醒来后在床上做"虾式动作" ························ 123
- 通过拉伸激活交感神经 ······························· 124
- 早晨让额头沐浴阳光 ·································· 125
- 起床后，喝一杯水 ····································· 126
- 上午散步15分钟 ······································· 126
- 使用肢体语言给自己打气 ···························· 126
- 大豆和香蕉能够增加快乐激素 ······················ 128
- 拉扯耳朵的按摩法 ···································· 128
- 通过腹部按摩缓解紧张 ······························· 128
- 手部按摩 ·· 129

- 轻轻按压眼皮上方，放松眼球 ·· 129
- 咖啡只限白天喝 ··· 129
- 在房间或桌上放绿植 ··· 130
- 听粉色噪声放松大脑 ··· 130
- 上床前3小时结束进食 ··· 131
- 睡前90分钟泡澡，解放身体，放松心情 ······························· 131
- 说"谢谢"表达感恩 ·· 132

小结 ·· 133

经验谈

第五章

不适消失了，生活好转了！
"小运动"的习惯改变了身体！ ·· 135

案例一 ·· 136

40岁的相田女士

从膝盖疼痛，到步行困难。

通过重心放脚后跟、腹部运动提高身体重心的稳定性，

获得改善。

案例二 ··· 142

30岁的岛崎女士

呼吸都很困难,像铁板一样僵硬的后背。

腹式呼吸、早晨让额头沐浴阳光……通过点滴积累,

呼吸更顺畅了。

案例三 ··· 147

40岁的佐藤先生

中年肥胖、体力下降、双脚变形……

生活中下意识把重心放脚后跟,回过神时已经成功减重10kg。

后记 ··· 153

参考文献 ··· 159

第一章

倦怠、眩晕、郁闷、头痛、心悸、焦躁、失眠、起不来……

不适是从哪里来的呢?

疲惫和疼痛是大脑发出的求救信号

"手臂抬不起来。"

"膝盖疼,走路困难。"

"感觉背很紧。"

"平时就感觉很累。"

以上是人们到我的整骨院和健身馆就诊的几个案例。来整骨院的人大多都患有肩痛、腰痛、膝关节痛、肘关节痛、扭伤、跌打损伤等伤痛。有的是由运动和日常生活引起的,有的则是连患者本人也回想不起的原因。

到目前为止,人们公认的疼痛一直是患病部位的异常引起大脑产生的痛感。然而,你是否听过这样的病例:对于不经意间弄伤的划痕和瘀青,患者起初并没有感觉到不适,但在看到X光片和CT图像并被告知病名的瞬间,就突然感觉到身体不舒服，甚至导致病情逐渐恶化。这确实很不可思议。

近年的研究表明，疲惫和疼痛这类不适症状是<u>大脑告知身体出现异常的信号</u>。

我们的身体本身就具有维持生命的内稳态。不管天气炎热还是寒冷，人体能够保持恒定体温，是它运作的功劳。当细菌和病毒入侵时，为了抵抗而发生的免疫反应也是它运行的表现之一。

而内稳态的指挥中心就是大脑。

看到的、摸到的、闻到的、听到的、吃到的……大脑全年无休地接收着所有信息。<u>它看似复杂但其实也有简单的一面，比如会根据"危险还是安全"来分类信息。对于影响生命安全的"危险"它尤其敏感，会通过眩晕、头痛、疲惫和疼痛等不适症状，告诉我们"再这样下去就危险了"</u>。

大脑擅长降低风险，在事态扩大之前会发出信号，告诉我们："别逞强了！""休息一下吧？""重新审视自己的生活。"这时，如果我们觉得"只是提不起劲而已""努力了总会有办法"，然后继续蛮干下去，大脑就会发送更强烈的危险信号，即剧烈的疼痛和严重的病症。

<u>对自己严格要求的人</u>，通常会认为"因为别人都在努

力""这种程度应该没事",从而对求救信号视而不见。当疲劳累积到一定程度时,其很有可能会在某一天突然倒下。

不要无视求救信号。只要每次处理好它,就能避免慢性不适和疼痛,维持良好的身体状态。大脑的运行是为了让我们自由自在地生活。请相信它的力量,正视它发出的信号。这是摆脱不适的第一步。

首先请你正视自己的身体吧。

请勾选你认为符合自身现状的选项。

- ☐ 明明睡了 6 小时以上,白天却感觉困意来袭。
- ☐ 想要马上坐下。
- ☐ 没办法立刻回想起前天的晚饭。
- ☐ 提不起劲。
- ☐ 上个楼大喘气。
- ☐ 不能做简单的心算。
- ☐ 工作中失误增加。
- ☐ 立刻会感觉烦躁。
- ☐ 觉得和朋友见面很麻烦。
- ☐ 会叹气。

只要有一项打钩,你就需要改变对待健康的心态。

疫情给生活带来巨变，患有不适症状的人越来越多

疫情之后，我们的生活突然发生了变化。为了响应防疫政策，有些人始终佩戴口罩，从自我管控外出转变成居家办公。我认为，应当有不少人彻底偏离了以往的生活节奏和生活方式。

许多人可能之前身体很健康，也没生过病，如今却也接收到了身体传来的不适信号。越来越多的人明明才三四十岁，正值壮年，却来我院诉苦，说自己有腰痛、肩膀酸痛、眩晕和情绪低落的问题。

那么，疫情期间，为什么会增加这么多身心感到不适的人呢？以下内容可以解答其根本原因。

首先，根据研究表明，不适的原因大致可分为三方面："身

体要素""心理要素"和"社会要素"。

简单来说,身体要素与运动不足、受伤、疼痛等身体机能相关,心理要素与不安、恐惧、郁闷等精神状态相关,社会要素与人和社会的关系、经济状况等因素相关。的确,在疫情期间,这些因素变得更加突出。

世界卫生组织(WHO)对健康的定义是"身体、精神和社会上完全良好的状态",而不仅仅是没有疾病或虚弱。这与上述内容也相吻合。

为了避免密切接触,远程办公受到推崇,使得人们连休息日也无法享受闲暇时光。而在家闭门不出的生活,也会导致身体运动不足。对于视上班通勤为唯一运动的人来说,这是莫大的打击。时隔许久到公司上班,我经常能听到大家抱怨"脚下走路都不稳当了""上个楼就大喘气""在电车上站着都觉得难受"(身体要素)。当我们发现肌肉失去了这么多力量的时候,或许就能切实体会到:为了维持最起码的日常生活,肌肉力量的锻炼也是十分有必要的。

在感染高峰时期,一打开电视,就能看到各种针对未知病毒的热烈讨论,以及通报感染人数和死亡人数的新闻快报。不知不觉间,脑海里充斥着负面新闻,不安就会随之袭来,"自己可能感染了""变重症的话该怎么办"（心理要素）。这种不安、恐惧和紧张的情绪，在无意识之间会使身体僵硬。你可能有过这样的经历：当突然听到一声巨响时，身体瞬间吓一哆嗦，变得紧绷。此外，因不安引起的皱眉也是一种身体僵硬的表现。这种不安和恐惧会造成身体不自觉地用力，进而在无意中导致姿势扭曲、肩膀酸痛等不适。

另外，我们从新闻中可以了解到，老年设施限制了住户之间的交流以及家人之间的探视，导致患有老年痴呆症的人数也有所增加。不仅仅是老年人，越来越多的人因为交流减少而感到无依无靠（社会要素）。

经济活动的停滞也增加了失业率。虽然有派发补助金等救济政策，但更多的人因为与社会隔绝，出现了心理方面的问题。尽管没有大规模的报道，仍有报告指出，女性的自杀率有所上升。

无论是身体不适在先，还是心理问题在先，即使切入点不同，却也并没有哪一方面更突出，而是三个要素互相影响，延长了不适的时间。不管是为了保持健康，还是治疗不适，重要的是，我们不仅要从单一角度出发，也要从身体、心理和社会各个要素来进行探讨。

导致不适的三要素

身体要素
- 年龄 • 运动不足等
- 疼痛

心里要素
- 孤独
- 不安
- 愤怒等

社会要素
- 社区
- 人际关系
- 经济状况等

如果只关注身体症状，是很难获得根本性改善的。疲惫、提不起劲等不适症状达不到去医院的程度，大多都是这三要素交织形成的。

经常自我否定的人会错过求救信号

当出现"肩膀僵硬""后背疼痛"等问题时,大部分人会怀疑是身体原因。比如因为长时间使用电脑,或是因为拿了沉重的行李等。然而,肌肉紧张也和不安、恐惧、焦躁、不快等心理因素有着莫大的联系。

以一位50岁的女性顾客为例。通过整骨院的治疗和在健身馆的持续训练,她的状态已经逐渐好转。据她所说,某日,当她在家里休息的时候,架子上的物品突然掉了下来,发出"砰"的一声巨响。她非常害怕这样的声音。从那以后,就一直担心东西会不会再次掉下来,每天过得惴惴不安。针对她的肩膀酸痛和腰痛,我们运用了人工手法和电击治疗,却没能帮她缓解紧张。我正感觉奇怪,问她:"最近发生了什么?"她把这段让自己感到恐惧的经历告诉了我。因为担心物品会再次掉落，发出巨大声响，她的身体一直处于紧张状态，发出了疼痛的求救信号。

心思细腻的人五官非常敏锐，对周围稍微发生一点声音、气味和光亮都会反应很敏感。虽然他们能够注意到细微之处，但过于在意，也会感到很累。

对容易感到敏感和不安的人，我们最应该做的就是陪在他们身边，多加安慰，告诉他们"没关系的"。这位女顾客也在尝试过心理治疗之后，慢慢消除了疼痛。

请试着想象一下：你的大脑中存在一个存储压力的水桶。在疫情期间，我们在这个水桶中存放了各种压力。这些压力来自不安和恐惧的情绪，比如"自己可能感染了""会不会危及生命"等。此外，日常生活中的麻烦事也一并累积起来。然而，水桶的容量是有限的，超过一定水位线就会溢出，并向身体发送疲劳、倦怠和疼痛等各种求救信号。即使水桶的容量非常大，却也容易因为空间足，招来更多烦恼。因此，保留适当的余地非常重要。定期清理压力桶的内部，创造空闲的容量空间，是消除不适的关键。

众所周知，大脑每秒会接收4000亿比特的信息量，其中有2000比特的信息能够得到处理。要是大脑只接收对身体有益的信息就好了！然而，这是不可能的。往 4000 亿分之 2000 的信息里填充多少有益内容，对保持健康的心态至关重要。

因为接受过多的刺激，心思细腻的人相比其他人会更容易累积压力。并且他们往往考虑过多，无法表达自己的想法，或者因为紧张发挥不出全力，从而陷入自我否定。<u>这类人大多努力认真，对自己很严格。当看到周围的人很优秀时，他们容易否定自己，进而自我回避，很难接受自己的身体出现异常。</u>等到他们终于承认这一点时，压力桶已经撑满，有的人甚至还会患上非常严重的疾病。

此外，有的人由于思虑过多，自己稍微咳嗽多一点，就会觉得"是不是得了病"，或者腰背一疼，就感觉"是不是内脏有什么问题"。像这样过于专注不好的一面，导致自身不安感增加的案例也同样存在。

如果平时正视自己的身体，了解自己的体温、血压和脉搏情况，就应该可以不慌不乱地解决问题。身体的每一个动作也是如此。虽说出现了手臂抬不起来的症状，但如果自己并不知道平时抬到多高，就会错过身体给出的不适信号。

让我再重申一遍：希望大家从正视自己开始，包括那些自己做不到的事。

日积月累的不健康习惯造就了现在的你

"人如其食（You are what you eat）"是一句有名的谚语。其实正如它所说，我们现在的身体以及不适感都是不断累积的结果。吃了什么食物？睡了多长时间？做了什么动作……所有来自眼睛、耳朵、皮肤的信息和刺激，造就了我们现在的身体。这正是我们活着的证明。

或许以肌肤和头发的状态为例，我们能够更加易于理解正面信息和负面信息改变身体的差别吧。在长时间正确的养护之下，肌肤和头发都会变得光滑润泽。但如果使劲摩擦、破坏营养平衡，外加睡眠不足，就会使肌肤干燥脱皮、头发干枯分叉，产生各种问题。这简直就是对你所作所为的一一反馈。

那么，日常姿势又是怎样的呢？我们打小就被大人严厉地教导过怎样拿筷子和握笔，但你还记得如何从零开始学习站立和走路吗？大多数人仅仅被提醒要"挺直腰杆""笔直行走"，并没有接受过细致入微的指导。例如，坐着办公时如果一直交叉双腿，不仅会使身体倾斜，破坏身体曲线，还会导致肌肉的僵硬和疼痛。大部分人或许都会这样，不了解正确的姿势，按照自己的方式度过每一天。

规律的生活、均衡的饮食、良好的睡眠……信息无处不在，如何选择和行动取决于你自身。虽然大脑的危机管理能力很强，但它也有偏好开心、舒适、轻松，以及逃避不快的性质。

吃甜食的时候，大脑会感受到一瞬间的幸福。因此，我们会情不自禁地想继续吃。在手机上浏览社交软件和视频很开心，于是我们会彻夜通宵地玩。倚靠站立时身体很放松，于是我们养成了重心放在单脚上的坏习惯。相比正确的姿势，人们总是会倾向于选择那些相对轻松的不健康习惯。

不适是由自己造成的，怪不了别人。首先明白这一点，我们就已经迈出了一大步。

然而，你也不必感到沮丧。如果不适是由自己造成的，那么你也可以帮自己恢复良好的状态。有意识地选择正面的信息和刺激，让大脑吸收即可。不过，改变不能急于一时。如果你能一夜扭转长期累积的身体状态，那简直就是奇迹。最重要的是，反复吸收，内化于身。关于这个方法，我将在第二章进行说明。

每天运动不足导致自己陷入不适的循环

前文提到,导致不适的原因有身体、心理和社会三大要素,但实际上,哪一个是不适的起因,则时常会发生变化。

许多来访我院的顾客都是因为运动不足,而导致身体无法随心所欲地活动。因此,有些人会因为地面少许的高低差而摔倒,伤了腰和膝盖,或者因为日常生活中的琐事陷入不适状态。这些例子都说明了身体要素是不适的起因。疼痛使他们不愿意外出,从而导致运动减少,肌肉也随之愈发无力。长此以往,就连站立和行走等日常活动也会让他们感觉到疲惫。于是,他们逐渐变得闭门不出,最终陷入不适的循环之中。此外,与他人的交流减少,也使他们感到孤立无援。对于老年人来说,交流减少还会导致听力退化。他们会否定自己,认为自己没用，进而加剧不安情绪，甚至可能会发展成抑郁症等心理疾病。

像这样，起因虽是运动不足这类身体要素，但由于心理和社会要素也参与其中，便使人很难跳出不适的怪圈。当事情发展到这一步时，只对膝盖和腰的疼痛进行对症治疗并不能使人得到根本改善，而是需要从患者所处的环境（社会要素）、患者心理（心理要素）和身体状态（身体要素）等各方面入手。

近年来，由于运动机会的持续减少，大脑得不到运动带来的刺激，人们闲置的身体功能正在不断退化。就像自行车，如果放着不骑，就会日渐生锈，变得无法使用；而房子一旦没人住，也会变得脏乱，成为一片废墟。这些都是自然运行的规律。

例如，假设你在学生时期加入了网球部。当时你每天练习，身体获得了对球的距离感、把球打回去的力道等信息，从而使大脑能够做出判断并采取行动。如果时隔20年后再打网球，会发生什么呢？当你去追球的时候，脚或许会被绊住，球拍也许会打空。这里面虽然有肌肉力量下降的原因，但也有追球、打球的信息潜藏在了你的大脑深处，使你无法立刻做出判断的缘故。对不使用的功能失去感觉，你便无法很好地操纵身体。然而，即使暂时有些错乱，我们也可以通过运动给予大脑刺激来加以改善。

这种错位不仅仅是动作的问题。比如，明明很瘦却深信自己很胖，从而过度节食减肥，这也是一种自我认知和身体的错位。那些拍照时使用美颜软件的人也要注意。如果过于追求理想化，修出与本来面貌相差太大的照片，也会和脑中的影像产生偏差，进而导致你患上心理疾病。

在"前言"中我谈到了田畑女士的经历，她因为强烈的不安情绪和运动不足，也有过难以认知自我的时期。据她所说，不去医院的那几个月内，尽管她身高158cm，体重已经掉到39kg，但照镜子的时候还是无法分辨自己是胖是瘦。由于患有眩晕症，她无法随意活动身体，大脑也无法接收运动刺激，这可能导致她无法正确地看待自己。

身材、体重与20年前相同的人需要注意

现代人一直处于运动不足的状态。由于电车和汽车等便利交通工具的出现，我们不再需要长距离的徒步行走。车站和商业设施里都装有直梯和扶梯，减少了我们上下楼的工夫。互联网的发展，使我们不用特意出门就能买东西、谈事情。因为疫情，IT基础设施迅速建设起来，我们已经来到了在家就能做到几乎所有事情的时代。

我认为，日式厕所○的消失也是腰腿力量变弱的原因之一。下蹲如厕的动作与深蹲的健身动作是一样的。过去每人每天都会进行2~4次这样的深蹲。打扫也是如此，通过按钮一键运行扫地机器人，减少了用扫帚扫地和用抹布擦地的工作。昭和

○ 日式厕所：日本古代蹲着如厕的厕所。——译者注

时代（1926-1989 年）所做的日常动作减少，必然会导致越来越多的人运动不足，身体陷入不适的状态。当今时代，要想拥有能够好好生活的健康身体，就必须"适当运动"。

你听说过肌少症性肥胖吗？用"隐性肥胖"这个词可能更好理解。它指的是由于运动不足和年龄增长，人体内肌肉量减少、脂肪增多的状态。从 20 岁开始衣服尺寸没变的人要引起注意了。患有肌少症性肥胖，即使不改变身材，肌肉和脂肪的比例也会改变，因此从外表上很难察觉出来。人们对于不运动也能保持身材过于自信，并没有肌肉正在减少的危机感。

肌肉减少而脂肪增加，会增加患高血压、糖尿病等生活习惯病的风险，也会增加因运动功能下降导致跌倒的风险。因摔倒受伤而卧床不起的例子也不在少数。虽说这是 65 岁以上的老年人会遇到的情况，但最近在 20 岁的年轻人中，患肌少症性肥胖的人数也在不断增加。请记住，任何年龄段缺乏运动都会导致肌肉无力，最终很可能无法过上正常的生活。

如果我们总是觉得"等有精神了再运动吧""可我真不擅长运动啊……"，把运动不断往后拖延，就无法摆脱不适的循环。请放宽心，提升肌肉力量并不意味着需要艰苦的训练。我在"前言"中也提到，我们需要做的只是"小运动"而已。只要采取正确的动作、获取有效的刺激，就一定能改变身体。我将在第三章和第四章中对此进行介绍。因而在开始之前，请你别放弃。

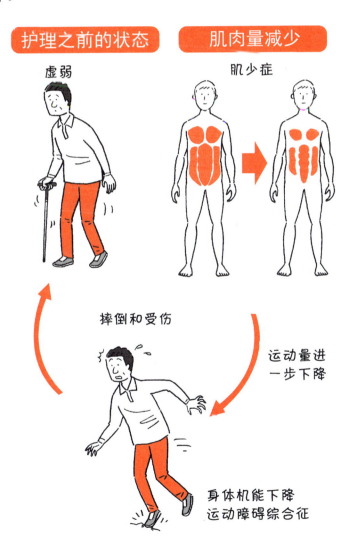

卧床不起还是延长健康寿命，40岁是分水岭

运动不足、肌肉力量下降、大脑与身体的错位，这些导致不适的问题在 40 岁以后将变得更加显著。即使我们的大脑仍觉得"自己还年轻"，但身体确实在走下坡路。根据 2010 年日本老年医学会公布的研究表明，下肢的肌肉量在 20 岁之后会大幅减少。40 岁以后，整个身体的肌肉量也会迅速衰减，且衰减的速度在加快。如果待着不动，肌肉力量就会日渐丧失。因此，首先要认清一个事实：我们正在步入一个仅凭年轻也很难挺过去的年龄段。

来访我院的人们大都 40 多岁。在来访的女性中，有的人早早迎来更年期，因肩膀酸痛、头痛、眩晕、手脚冰凉、情绪低落等各种不适症状前来咨询。有的人还没发现自己患上了更

年期的症状，认为"只是工作和家务太劳累"，过于辛苦导致身体受损，于是来我院就诊。

有的人在体检时被查出可能患有代谢综合征，于是慌忙办了健身房的会员，进行剧烈运动，结果膝盖和腰部出现疼痛问题，最后来我院咨询。

还有的人像30多岁时一样工作，却发现工作表现一落千丈，深受打击。或是到了被委以重任的年纪，有的人却因压力太大导致精神崩溃，想要寻求帮助。

近年来，高龄产妇越来越多，许多人到40岁左右才开始养育孩子。无论男女，都有可能在抱孩子时伤到腰，或者在幼儿园和学校活动中想要大展身手，却因为脑海中的想象与身体机能之间出现了偏差而摔倒受伤。大脑一旦感受到危险，就会给出规避风险的行动指示。因此，身体会经常处于发力的紧张状态。许多人明明什么也没做，却感觉肩颈酸痛，最后拖延成不适症状。

过了40岁，一些人意识到"这样下去不行"，于是采取行动，从头开始改善身体，如今到了五六十岁，精力依然充沛。

而另一些人则对自己的身体过于自信，认为"自己还年轻，保持现状就好"，结果往往到了50岁就会染上重病。

但是，没关系！从现在开始，你会有所改变。虽然什么都不做会使肌肉减少，但我们在任何年纪都能开始锻炼，只要做好锻炼，肌肉就不会退化。为此，我们只要正视自己的身体，重新审视以往的生活习惯，学习正确的日常动作即可。

拿起这本书的你，现在正处于人生的岔路口。那么，你想要怎样的未来呢？

专栏一
越是获取信息方便的时代，越不能被信息左右

如今，随着互联网的普及，人们能够接触到海量的信息，这与只有报纸和电视的时代完全不同。有些人可能变得非常依赖网络，一有点空闲时间，他们就拿起手机翻阅社交软件和新闻网站。

和健康有关的信息也算热门内容之一。只要输入感兴趣的症状并进行检索，就能一口气找到病症名称、治疗方法等各种信息。

然而，并非所有信息都是正确的，其中也混杂着谣言和假新闻。对于一般人而言，实则很难去辨别与健康有关的信息。

例如，当我们检索"头痛、呕吐"时，究竟是判断自己患有"偏头痛"，还是相信自己"有脑肿瘤或蛛网膜下腔出血的风险……"，从而使自己陷入焦虑呢？像这种单一的检索可能会引起新的不适。

此外，信息印记也是一件可怕的事情。

"因为气压越来越低，所以头很沉。"

"因为气温下降，所以关节痛。"

最近，连天气预报也在越来越频繁地提醒大家，要注意防范这种名为"气象病"的症状。据各种研究表明，气压变化与自律神经的紊乱之间存在着关联。人体本身具有维持生命的内稳态，因此缓慢的气压变化不会给身体带来巨大的破坏。然而一般来说，如果气压急剧下降，人体来不及反应，就会引起头痛、眩晕、关节痛等不适症状。不过，专家之间也有各种不同的见解，其中不乏质疑气候变化和身体疼痛之间存在关联的声音。

那么，为什么气压降低会让我们感到头痛呢？这或许是因为我们小时候曾听过父母的抱怨，比如"一下雨就感觉浑身无力""下雨之前会头疼"等。又或许是因为我们在电视或杂志上看到过"改善低气压带来的不适"等专题报道。这种自己将输入大脑的信息反应成疼痛的行为，实则是一种臆想。

正因为身处容易获取信息的时代，不被周遭信息左右，选择自己所必要的信息，才是我们保持健康的秘诀。

假如我们生活在一个没有电视机和网络的地方，或许就不会感到疼痛和不适，能够一直健康地生活下去了。

小　结

● 疲惫、不适和疼痛是大脑对身体接收的信息做出危险判断的求救信号。

● 不适的原因并非只有一个，而是"身体""心理""社会"三要素相互交织的产物。

● 现代人由于运动不足而导致肌肉力量匮乏，很容易陷入不适的状态。

第二章

"从坏习惯到好习惯"改变日常生活中的心态

不依赖动力也能摆脱"不健康习惯"的小技巧

不必去健身房，通过"小运动"来改变身体

正如第一章中所述，我们现在的身体是由我们全身接收到的信息和刺激造就的，包括我们见到、听到、闻到、尝到和触摸到的一切。

就像宣布"从今天开始减肥"一样，我们不应该以"从今天起要做一些让身体感到不适的事情"来开始运动。来吧！即使我们不刻意努力，身体也会在不知不觉间变差。如此说来，我们也可以用同样的方法来打造健康的身体。

要想改变积年累月的不健康习惯，还得回归日常生活。圆肩和腰椎前凸肯定不是在健身房里练出来的吧？交叉着脚坐、脖子向前倾，不经意间坏习惯便在日积月累中形成了。而改变坏习惯则在于心态的细微转变。稍微转变下心态，让大脑掌握

正确的信息，即使不做特别的运动，身体的使用方式也能发生改变。

以往提到改善身体，仰卧起坐、深蹲、平板支撑等锻炼躯干的方法备受推崇。诚然锻炼躯干对日常生活非常重要，但日常生活中的"小运动"也能让我们得到充分锻炼。

我有许多顾客患有疼痛的症状，也就是说，他们无法进行肌肉训练。然而，只要把正确的发力方式和日常动作变成习惯，站立会变得更快速，走路也会更有精神。这样一来，一旦感受到活动身体的快乐，我们的积极性自然也会提高。

别想得太复杂，总之先试试吧。

只需要一秒，心态就能改变，与之对应的结果是，身体也会发生改变。

不健康的习惯

保持头前伸的姿势在电脑前工作到很晚，会导致姿势扭曲、自律神经紊乱。

一边吃点心，一边躺在沙发上看手机到深夜，是姿势扭曲、失眠的原因。

健康的习惯

伸直背部肌肉，坐着办公。适当休息，恢复精神。

外出时不使用电梯，爬楼梯锻炼腿脚和腰部。

没动力也无所谓，先试着做起来

总之，一说到运动，很多人往往容易坚持不下去，或者从开始就放弃了。如何让运动变成习惯，摆脱不健康的状态，是人们终身的课题。

习惯指的是，不需要特别的意志就能自然去做的行为。

尽管本书所介绍的"小运动"习惯像刷牙一样简单，然而，正因为小时候父母总是不厌其烦地催促我们："你刷牙了吗？"我们才在这一次次的不情愿中，养成了刷牙的习惯。不管是多么不起眼的事情，如果不能埋头反复做，就无法变成习惯。

"不行不行，我做不到这样反反复复，坚持不了……"

嗯，你说得没错。到目前为止，想要和不适说拜拜的人，已经试过各种健康方法了吧。就算一开始干劲十足，却无法保持劲头，最后可能就掉队了。

既然你为了健康特意买了这本书，最终落得如此结果岂不可惜？

对于养成习惯，请试着稍微转变一下你以往的认知。

正如"习惯成自然"这句话所说，每天反复做的行为能够被我们自然习得，成为与生俱来般的品性。

SAID 原则⊖（特异性原则）也指出，人只要行动，就会越做越熟练，越来越有效果。

是的，只要行动就能做好，不行动就会变差。

我经常指导别人打棒球和高尔夫，总能听到顾客问我："怎样才能立刻打得好起来呢？"我的答案很简单："练习即可。"难道这是拼毅力？不，并不是这样的。即使每天只坚持做 10 次动作，这样的人也一定能打得很好。因为根据 SAID 原则，"人会平衡并适应受到的负荷"。

请回想一下我们小时候。

当想要骑自行车时，我们甚至边摔跤边练习，直到学会了骑车。

⊖ SAID 原则：英文全称为 Specific Adaptation to Imposed Demand，是运动科学中非常重要的基本概念。它指的是，当对身体施加某种压力时，身体会产生特定的适应性。——译者注

在运动会上，我们总能记住每年要跳的新舞蹈。

即便长大了，我们也会通过练习钢琴、吉他等乐器获得进步，或者从零开始操作电脑和手机直到熟练掌握。

无论我们是否擅长，如果从一开始没有迈出那一步，我们就没办法做好任何事。

"只要行动就能做好"，这句话就像是我们的护身符，即使没有动力也能支撑我们坚持下去。它能给大脑带来安全感，也能帮助我们建立自信。不要再以懒惰和动力不足为借口，改变心态吧。

从不费力的小事开始，日积月累养成习惯

了解大脑的特性对养成习惯非常重要。前文提到，<u>大脑不擅长接受较大的变化</u>。这是因为，为了维持生命，大脑会不断评估事情究竟是危险还是安全。尽可能维持现状是安全的，而遇到新的信息时，大脑则会判断"这与之前不一样"，通过紧急踩刹车的方式进行抵抗。为了能被接受，新习惯会与旧习惯进行争夺。因此，变化越大，大脑就抵抗得越厉害，以致三天打鱼两天晒网。

我们往往会因为着急定目标而将步伐迈得过大，这时请<u>更加克制自己，小步前进</u>。大幅降低难度也没关系。给自己制订一些计划，不管是在忙碌还是在状态差的时候都能坚持下去的那种。

比如，清晨醒来时在被窝里做拉伸、打开窗帘、起床喝一杯水、说"早上好"、脱完鞋就整理……

每天不断重复哪怕一件事，大脑就会发出指令，建立新的路径。一般来说，像这样养成一个保留至今的习惯大约需要40小时。一项早晨散步15分钟的习惯，则需要160天养成。要想让健康的习惯取代长期养成的坏习惯，确实需要花费这么长的时间。因此，我们不必让生活突然来个180度的大转弯，而是从日常能做的动作和让身体感到舒服的事情开始吧。

跳级是失败的根源

过于着急达成目标，于是越过一层台阶往上爬，导致大脑和身体都跟不上，更容易失败。

就算是稍有不情愿的事，在经历一次一次重复后，恐怕也会变得令人生厌而不想再做下去。一般来说，如果一件事持续做上400天，我们不再会有"不得不做"的使命感，而是转变成像刷牙一样下意识去做的某种状态。

一步一个脚印地小幅迈进，从而使大脑和身体保持稳定，养成健康的生活方式。

细胞会定期更新，任何年龄都能改善身体

我们的身体由大约 37 兆个细胞组成。细胞也有寿命，它们每天都会逐一更新替换。从新细胞的生成到旧细胞排出体外的替换过程名为"新陈代谢"。"皮肤的更新和再生"应该很容易想象。一般来说，皮肤大概每个月都要更新一次。不过，其他器官同样也会进行新陈代谢和定期更换。为了维持各项机能的稳定，需要像这样不断进行新旧交替。

皮肤大概每月更新一次，但不同部位的细胞，其更新周期也会有差异。据说，肠胃需要 3~5 天，血液和肌肉需要 3~4 个月，骨骼则需要 6~12 个月。细胞在我们无意识间不断重复着毁灭与再生，维持身体状态，使之适应外界的变化。

随着年龄的增长，我们容易因为年龄的原因放弃做各种事

情。如果在细胞层面能够经常得到更新，我们是不是会更有意愿去尝试呢？

更新速度有个体差异性，而且年龄越大速度越慢。如果新陈代谢的周期越长，旧细胞留存越多，就会导致老化。此外，如果老化细胞比新生细胞多，则无法保障身体继续充满活力。

为了保持正常的更新周期，我们需要活动自己的身体。不管是在睡觉还是在身体不适的时候，细胞始终不知疲倦。如果我们安安静静地保持不动，就会拖慢它们恢复的速度。

通过坚持做"小运动"的日常动作，从细胞开始改善身体状态吧。一想到现在的运动能够有助于3个月后的肌肉再生，是不是很激动？切实改善身体，首先需要行动！

80%的人都是消极的，从写出不安与不便开始

想要摆脱以前那些影响健康的恶习，那就从现在开始养成健康的习惯。我想正是抱着这样的想法，你才拿起了这本书。对此，我想让你先试试以下方法。

没有目标就无法规划。不管在整骨院还是在健身馆，我都会询问顾客来访的目的。想要去除疼痛、加强肌肉力量、变得健康等，这些都是达到目的（或者目标）的一种手段。那么，真正的目的是什么呢？我们理应是在生活中有了烦恼、不安或者不便，所以才想要变得健康，想要加强肌肉力量。没错，让不安和不便消失，从而更舒适地生活，这才是我们的目的。

大家在开始之前，试着写出自己哪里感觉到不便。如此一来，我们既可以发现自己应该做些什么，又会有动力继续

下去。

培养习惯有3个基本步骤：①写出生活中的所有不安和不便；②思考解决不安和不便的行动；③向身边人宣布并付诸行动。

为付诸行动的自己点赞，找到自己需要更进一步解决的问题，同时如果加上"三明治反馈法⊖"来鼓励自己会更有效果。设立目标，制订计划，实施计划，评价和分析行动，改进问题。这类似于工作中的PDCA循环（Plan-Do-Check-Action/计划-执行-评估-改进）。我们不需要像对待工作一样冥思苦想，先从明确目标开始吧。不必强迫自己积极乐观。每个人都会有消极思维。对培养习惯来说，动力并不重要。有负面的想法也没关系，动起来就行。同时，请不停地表扬行动起来的自己，告诉自己："我做到了！"

下面我想详细说明一下3个基本步骤。

1. 写出生活中的所有不安和不便

不和他人比较，正视自身，把握现状。试着写出身体的不

⊖ 三明治反馈法：是一种表扬、批评、鼓励三步走的反馈方式。在沟通过程中，先表扬对方，引导对方往下倾听；然后指出对方的问题，给出具体意见；最后鼓励对方，表达期许。——译者注

适和弱点、做不好的事情、感觉不安的地方。此时，即便是负面事项，也不要否定自己，接纳这样的自己非常重要。

例：

休息日睡到中午也起不来床。

早晨起不来，总是踩点上班。

过了40岁，体力突然下降，对能否继续工作感到不安。

感到眩晕，害怕坐电车。

2. 思考解决不安和不便的行动

对于如何才能消解不安和不便，我们自己要提出假设，思考可以每天坚持的小方案。如果你不知道该怎么做，我在第三章和第四章中介绍了"小运动"的习惯，你可以在其中选择一种自己能做到的方法。

例：

因为睡到中午还起不来床，所以晚上早睡1小时。

为了增强体力，大步从家走到车站。

因为睡眠浅，所以夜晚小酌时，喝啤酒不超过350毫升。

早起之后喝1杯水。

试着马上写出来

■ 生活中让我不安和不便的事有哪些?

■ 为了消解不安和不便以及改善生活,我能做什么?

真是太棒了!!

3. 向身边人宣布并付诸行动

只有自我约束的话，这常常会导致自己行动不起来。当我们决定好要做的事时，可以向同住的家人或者身边人宣布"今天要做……"，然后开始行动。如果感觉直接告诉别人有点难为情，或者身边没有可以宣誓的人，那就写在纸上，然后贴在玄关、卫生间等显眼的地方。我在开始办公之前，也会列下目标，在手机的待机画面上设置待办事项。自己一旦有所关注，看到眼前写下的内容，便有利于避免忘记行动。

此外，我们还可以使用社交软件。新建一个用于发送信息的账号，然后记录即可。

行动之后，请一定不要忘记对自己说鼓励的话。在手账中写下所做的事，画圈或者贴上贴纸都是可以的。

如果你无法用语言表达，与其烦恼不如行动

那么，你写下现在令自己感到不安和不便的事了吗？

当人有烦恼或者脑子里乱糟糟的时候，其实很难用语言来表达。

因为人在烦恼的时候，大脑中充斥着各种想法，往往只想着解决烦恼。然而，如果像这样一直思考，既打消不了烦恼，也得不出结论，会陷入消极思维的恶性循环。你是否有过以上情况呢？这时，我的建议是先让身体动起来，走路也好，原地做几次深蹲也好。如此一来，<u>大脑的注意力集中在活动身体上，烦恼便会在不经意间从脑海中消失</u>，自己便会感到神清气

爽。像这样,让大脑发出"活动身体"的指令,并使其利用运动的神经回路。

实际上,我早晨的时候也会有消极情绪,比如"今天有很多会议和讨论,真累啊"。这时,我会通过跑步来消除这些负面思想。像散步和跑步这样有一定节奏感的运动,可以促进动力来源——血清素的分泌,帮助我们清空乱糟糟的想法。

对于不想运动的人来说,我建议可以嚼口香糖。因为这会有一定的节奏感,所以可以获得同样的效果。请参考第三章和第四章中"小运动"的动作。

如果你意识到通过运动可以消除不安、烦恼和负面思想,这是巨大的成功!这将有助于我们增强自信。同时,如果我们学会把它当作烦恼时的重启方式,也将有助于身体不适的改善。

让大脑中充斥着的烦恼转变为"小运动"的指令

想不如动！

把输入大脑的信息从思考转变为运动，大脑会优先处理身体的活动，烦恼便会瞬间消失。

通过可视化的方式积累成功经验

将自己的不安、挑战和成就都记在手账和手机备忘录里，也有助于我们养成新习惯。

比起开心的事，人更容易记住消极的事情，一个不注意，压力桶里就会积满负面信息。一天结束后，写下积极的内容，比如开心的事、感觉幸福的事、获得成就感的事等，赶走自己的不安吧。

慢慢积累成功经验和幸福瞬间，一个月后就能收获大量的"幸福储蓄"。你会发现原来自己这么努力，这有助于增强自信。1个月、2个月、3个月、6个月……坚持下去就会变成一笔巨大的财富。

更进一步，我们不仅要回顾自己的一天，还要事先预测行动。这时，我建议你写一篇"予祝㊀"。予祝是祈福耕作所举行的农耕仪式之一，是日本的仪式文化。事先祈福作为一种实现理想的助力方法，现在连企业高层和运动员也会经常采用。

早晨写下自己的目标，比如想对谁微笑、怎么做会更好等。不是只写预定计划，重点是要具体写出让自己兴奋的事，比如希望在公司内部汇报时有好结果、期待和某人去热门餐厅品尝美食等。也就是所谓的"未来日记"。

晚上回顾并理清一天的琐事，给自己画上一个圆圈。就像暑假做广播体操之后获得印章一样㊁，给自己印一个"做得很好"的图章。只要不断重复，就能熟练找到自己的小幸福，享受每一天。减少负面情绪，腾出压力桶的容量空间，我们就不容易出现疲劳和不适，就能够保持最舒适的身体状态。

㊀ 予祝：直译"事先祝福"，一种日本传统的农耕仪式，现在日本人常用于表达对成功和胜利的渴望。——译者注

㊁ 日本小学生暑假需要到学校做广播体操，老师会给学生盖章，像签到一样。——译者注

第二章 "从坏习惯到好习惯" 改变日常生活中的心态
不依赖动力也能摆脱 "不健康习惯" 的小技巧

尝试写一篇予祝!

月　　日（　　　）

■ 今天想要实现的事是?

■ 实现之后的心情是

■ 今天想对谁微笑?

■ 怎样做到微笑?

做得很好!

小　结

- 大脑不擅长较大的变化，因此要坚持做小事，使之变成习惯。

- 细胞会定期更新，任何年龄都能改善身体。

- 为了消解日常生活中的不便，先行动起来很重要。

第三章

不需要仰卧起坐和深蹲

**只要意识到"重心放脚后跟"
就能改变人生**

正视自己的身体,自我检查姿势和肌肉力量

不适的起因大部分是运动不足、肌肉力量下降等身体要素。从这些根本原因入手,是改善身体的捷径。

那么,读到这里,你可能感觉有些累了。暂时休息一下如何?放下书,站起身。要点是脚后跟用力踩在地上站起来。如果可以,请注意一下腹部。

怎么样?是不是比平时更轻松一点?

这是整骨院对顾客最初的运动指导。

不管是常年缺乏适当运动的人,没体力去健身房的人,还是忙得没时间的人,抑或是对运动有抵触反应的人,都一定能做得到"小运动"。

平时没有运动习惯的人,没办法掌握自己的身体状态。现

在就请你检查一下自己的身体。

检查身体的方法

姿势检查

如果你一直苦于身体沉重、疲惫，或者有慢性肩颈酸痛的问题，姿势扭曲是你不适的原因之一。首先试着掌握自己目前的姿势状态吧。

背靠墙壁站立，脚后跟、臀部、肩膀和头部紧贴墙壁。正确的姿势是，腰和墙壁之间空出一个手掌的距离。

肩膀和头部无法贴住墙壁的人有驼背问题，腰和墙壁之间空出一拳距离的人有腰椎前凸问题。臀部无法贴住墙壁的人，则有腹部凸起的问题。

头部远离的人，"前倾姿势"

肩膀贴不住的人，"驼背"

腰和墙壁之间空出一拳距离的人，"腰椎前凸"

单脚站立检查

如果你走路很慢,或者走在平坦的路上也会摔跤,那可能是腿部的肌肉力量不够。单脚站立,确认一下自己能够站多久。

双手叉腰,单脚抬离地面 5cm 站立。保持抬高的腿接触不到另一只支撑身体的腿。如果你维持不到 20 秒,那么你行走的肌肉力量不足,有较高的摔倒风险。两脚都试一下,确认左右两边的差异。

单脚站立时是否能脱袜子也是判断的标准之一。

※ 检查时请不要在周围堆放物品,请在防滑的地面上进行尝试。

上半身摇晃的人也有肌肉力量不足的问题

抬高5cm

抬高双臂检查

如果你从头部到背部都僵硬酸痛,那可能是肩膀周围的关节和肌肉的柔韧性不足导致的。

试着抬高双臂,做"万岁"的庆祝动作。背对墙壁站立,双脚打开,与肩同宽。请将头部、臀部和脚后跟紧贴墙壁,双臂抬高做"万岁"的动作。注意手肘不要弯曲,抬高至头顶正上方。如果你只能抬到耳朵前方,说明你的肩膀周围比较僵硬,身体也容易向前倾倒。

手肘弯曲、手臂抬不高的人要注意

手臂贴到耳朵也可以

前屈检查

如果你下半身尤其是大腿后侧肌群的柔韧性不足,会导致走路步幅变小,摔倒的风险变高。驼背并且有小肚腩的情况也是如此。

前屈检查柔韧性。双脚打开,与肩同宽,笔直站立。保持膝盖伸直,将上半身向前弯曲。两手伸直,如果指尖能够碰到地面,表示柔韧性较好;如果指尖碰不到地面,则表示下半身比较僵硬,需要引起注意。即使你的手指能碰到地面,但腹部和髋关节无法贴合,说明你臀部外翘的姿势不合理,髋关节缺乏柔韧性。

后仰检查

如果你上半身后仰时,感觉腰部疼痛、身体摇晃,那可能是你腹部的肌肉较弱,大腿前侧的肌肉比较僵硬。

双脚打开,与肩同宽,笔直站立,两手放在臀部支撑。肚脐以下保持静止,上半身向后仰。如果你用尽全力只能看到头顶的天花板,并且膝盖弯曲,那你要引起注意。可能你的腹部和臀部的肌肉都很弱,还可能有骨盆倾斜和腰椎前凸的问题。

上半身后仰,检查能否看到后方

膝盖弯曲的人,腹部力量很弱

持续用重心偏移的姿势，会引发各种不适和疼痛

虽然我每天要接待数十位顾客，但大家的问题是相通的，那就是只能使用身体前侧发力。

人体由脊柱支撑，而支撑脊柱的是深层肌和浅层肌。本来，我们可以利用背部的深层肌保持姿势。但如今，相比站着，人们会花更多的时间坐在椅子上。我们在日常中用不到背部肌肉，比如倚着靠背或桌子、用前倾姿势坐着办公等，于是肌肉在不知不觉中退化了。

不仅是在工作中，在洗脸、洗碗、做饭、吸尘、开车……做家务、育儿、吃饭等各种活动中，我们都过多地使用身体前侧发力。当我们减少有意识使用背部的行为，就会加重身体前侧的负担。

此外，由于智能手机的出现，越来越多的人探头盯着手机的小屏幕，养成了脖子逐渐往前伸的习惯。也就是所谓的"手机脖"。

请思考一下。你每天会花多少时间看手机呢？起床后的一段时间里，通过重复看手机的姿势，我们不再使用身体原本的方式，即利用背部肌肉来保持姿势，而是学会了自己独有的错误方式让身体发力，并由此形成"不健康的习惯"。长年累月下去，导致身体变形，产生僵硬、疼痛等不适症状。

不断累积错误动作之后，身体会分为"经常使用的部位"和"不常使用的部位"。结果，本应该发力的肌肉不再使用，其他肌肉便会对此进行补充，让身体活动起来。这被称为"代偿动作"。当原本应该发力的深层肌变弱，背部会难以挺直，因此前倾或倚靠也就成为代偿动作之一。尤其是前倾的姿势，它使用到了腹部表层的腹直肌，从而导致此处的其他肌肉没有得到锻炼，变得紧张而僵硬起来。于是，腹部出现收缩，骨盆开始倾斜，最终引发不适。

与之相应地，活动的肌肉和关节会依次超负荷工作，产生僵硬和疼痛。肩膀酸痛、腰痛、膝盖痛就是典型例子。大部分来访的顾客都患有"代偿动作"所引起的疼痛。

你知道吗？其实人体并不是左右对称的。人的心脏在左侧，而肝脏在右侧。左右两侧的肺部大小并不相同。尽管人体试图在这种左右不对称的情况下保持平衡，然而我们的发力习惯却会进一步加速身体的扭曲。虽然重心偏右是身体结构上不得已的结果，但极端的偏移会导致身体不适。

到这里或许有人会产生疑问："那身体原来的动作是什么样的？"其实，我们从出生开始就学会自己活动身体了。人们常说"端正姿势"，但对于身患不适的人来说，改善姿势的过程与其说是"端正",不如说是"恢复原来的姿势"更好一些。

其实,我们曾经一度掌握了身体发力的正确方法。那就是婴儿学习站立和行走的过程。从仰卧翻身,到使用手脚爬行,锻炼背部和四肢,最后站起来开始行走。在成长过程中,孩子会稳定矢状面(划分身体左右的切面、躯干),从而活动手脚。他们会用娇小的身体支撑沉重的头部,同时笔直站立。这是我们小时候好不容易掌握的稳定性,却在长大之后,全都换成了更加轻松的姿势。

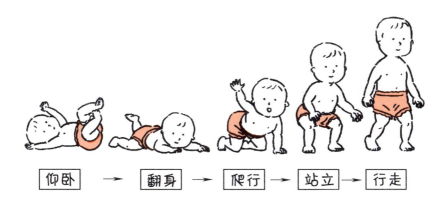

仰卧 → 翻身 → 爬行 → 站立 → 行走

稳定身体的肌肉力量下降，会导致腰椎前凸和驼背

婴儿从爬行到双足行走的过程中，腹部肌肉、背部到臀部的肌肉会迅速发达起来。尤其是背部肌肉，它是上半身最大的肌肉。而臀部以下的下半身肌肉也占据了全身很大的比例，是重要的组成部分。然而，如前文所述，很多人不会使用身体后侧发力，经常身体前倾。特别是女性会经常穿高跟鞋，用脚尖站立时身体会不自觉地前倾。在做家务和照顾孩子的时候，她们也会经常向前弯腰。

前倾姿势最大的弊端是会导致骨盆前倾，形成"腰椎前凸"。或许很多人听说过"腰椎前凸"这个词。当骨盆前倾时，盆底肌群会变弱，支撑膀胱、直肠等内脏器官的力量也会减弱。女性子宫脱垂的情况也如此。由于内脏器官位置下降，下

腹部突出，体态也会出现变形。骨盆前倾还会导致尿频和漏尿。血液循环不畅还会让人感觉到浮肿和发冷。可以说，腰椎前凸，尤其对女性而言，是所有不适的来源。

提到腰椎前凸，我们可能只关注腰部，但它其实是一种肋骨向上翘起并打开的状态。肋骨上翘被称为"外翻"。虽然端正姿势或行走的时候，常常会被提醒"要挺胸"，但过度挺胸反而会加重腰椎前凸的状态。如果我们坐下时经常弯腰驼背，站起来时就容易腰椎前凸。当肋骨过度张开，为了不让头向后仰，腹部会下垂来保持平衡。老年人因为背部和腹部的肌肉力量太弱，只能弯腰90度，借助拐杖等工具来支撑身体，维持走路时的平衡。

肋骨向上打开是因为呼吸方式有问题。平时我们不假思索进行的是胸式呼吸，即吸气时胸部扩张，呼气时胸部收缩。为了呼吸，我们的肋骨往往会向上打开，通过肋骨扩张引导肺部扩张。同时，胸部和肩膀也会发力，导致出现肩颈酸痛和背部僵硬。据说人每天要呼吸2万次，因此只要重新审视自己的呼吸，就能够改善变形的姿势。稍后我会讲解呼吸的方法。

腰椎前凸是不适的来源

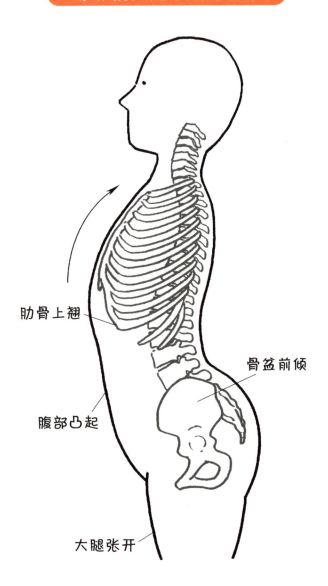

有意识地活动身体的三个面,保持身体随时在线

身体功能都是为了高效活动而设计的。然而,如果使用的方式不均衡,不被使用的部分就会变得很不灵活。我们的手臂或腿能够活动,是因为大脑会通过神经回路发送"活动手臂"的指令,随后肌肉会接收信息并做出反应。当肌肉活动时,名为本体感觉⊖的传感器会捕捉身体的动作、位置和力量,并将这些信息传递给大脑。像这样活动身体也会激活神经传导。如果长时间不使用身体,神经传导就会衰退。因此,我们要定期告诉身体的各个部位"该动起来了",否则运动功能就会退化,直至无法行动。

⊖ 本体感觉:一种一般躯体感觉。感受肌肉、肌腱和关节等部位的刺激,以及对躯体的空间位置、姿势、运动状态和方向的感觉。——译者注

虽然我们希望360度全方位使用身体，但在日常生活中，我们往往只会使用身体前侧。即使我们会向前弯腰，却很少往侧面倾倒或者让身体扭转。因此，大脑会认为"这部分不再使用了"。当突然做不习惯的动作时，身体会感觉到疼痛。这是因为大脑和肌肉忘记了相应的动作。大扫除或搬家之后会出现腰扭伤的问题，是因为我们突然做了平时不做的动作。当长时间保持同一坐姿后，突然改变姿势会引起疼痛，是因为大脑和肌肉无法预测动作，疏忽大意了。

人体有三个切面，关节会沿着这些切面活动。"冠状面"将身体分成前后两部分，"矢状面"将身体分成左右两部分，"水平面"则将身体分成上下两部分。冠状面是利用侧面做伸展腋下和挥手的动作。矢状面是利用前后做鞠躬等前屈后仰的动作。水平面则是利用扭转做回头转身的动作。在健身房，大部分训练都是专门锻炼躯干的矢状面运动。我们常做深蹲和举哑铃，却很少加入扭转身体的动作。在我的健身馆内，顾客会根据课表每天活动身体的所有切面，努力打造一个不受伤害、活动自如的身体。大家在运动时，也请留意这三个切面。

第三章　不需要仰卧起坐和深蹲
只要意识到"重心放脚后跟"就能改变人生

前后活动身体、弯曲手肘等动作需要用到的切面

伸展侧身、挥手等左右动作需要用到的切面

向后转身的动作需要用到的切面。三切面中不常使用却很重要的切面

即使无事发生,身体为了保护头部也会紧绷僵硬

为了维持生命,发出指令的大脑应该得到优先保护。头部的重量约为体重的 10%,如果体重为 60kg,头就大约是 6kg。把它想象成一个保龄球的重量,可能更好理解。

为了支撑沉重的头部,脊柱会呈现出一个平缓的 S 形曲线。然而,经过长时间的重复,我们形成了自己独有的姿势,且运动不足又造成了肌肉无力。这些都会使 S 形曲线的曲度加强或消失,最终导致身体变形。原本 S 形曲线能够分散头部的重量,但在变形后这些重量集中到腰部,给腰部造成负担,更容易引起腰痛。此外,为了防止头部晃动,附近的颈部、肩部和下颌都被用来支撑头部,而非虚弱的躯干(深层肌)。肩颈酸痛、后槽牙紧咬都是躯干不稳定的证据。

40岁以后如果不采取任何措施，人的肌肉量会逐渐减少，身体也会更容易晃动。而且，随着坐着的时间变长，便利的交通工具越来越多，我们连走路的时间也在减少。结果，髋关节的可活动范围随之缩小，为了避免摔倒，我们会在不知不觉间缩小步幅，改用小碎步走路。我们经常能看到穿高跟鞋的女性，走路时一上一下，摇晃不已。男性则因为腹部周围堆积脂肪，肋骨向上张开，走路时往往看起来傲慢无礼。此外，肌肉无力会导致用于抬高双腿的髂腰肌退化，变得没办法快步行走。最近，由于一些人边走路边看手机，驼背圆肩、脚步虚浮的现象也很明显。即使他们从未摔跤跌倒，但因为肌肉力量的下降和可活动范围的缩小，大脑会发出缩小步幅的指示，以求确保安全。

即便我们平时没有留意，但在雨雪天脚下变得更湿滑的时候，情况也会更加明显。因为担心可能会摔倒，于是我们的身体会变得僵硬，肩膀抬高，小碎步走路。

在前文身体检查中，如果你无法单脚站立20秒，身体左右摇摆不定，说明你的躯干以及臀部到大腿后侧肌群的肌肉力量太弱。在不使用躯干的情况下，为了避免头部晃动，身体通过其他肌肉保持平衡。从而导致姿势变形和代偿性行走，如走路小碎步、上下摇晃等。同时，不仅走路会很快感觉到双脚疲惫，小腿肚发生肿胀，还会对脚形产生负面影响，如拇趾外翻和趾甲内嵌等。当务之急是重新审视自己的走路方式。

为了保持身体的稳定性，把重心放脚后跟站立

重申一下，身体需要寻求稳定来保护头部。为了防止头部摇晃，打好坚实的基础非常重要。身体的核心是躯干。人一旦身体发力不当或者运动不足，躯干就会变得脆弱。身体中心部位的肌肉太弱，便很难让人保持笔挺的站姿。比如，站立时会很快感觉疲惫，想要坐下或倚靠等。即使坐下，也会逐渐采取让自己舒服的姿势，如弯腰或倚在靠背上。像这样进一步扭曲身体，使肌肉和关节活动不畅，引发疼痛，便难以摆脱不适的循环。

很多人认为锻炼躯干就必须进行肌肉训练，但现在，请大家先改变这种根深蒂固的观念。

我们来做个小实验。

请你别想太多,站着看手机。接下来,把手机举高,与脸齐平,让头部和颈部从向前伸的状态,慢慢向后移动。

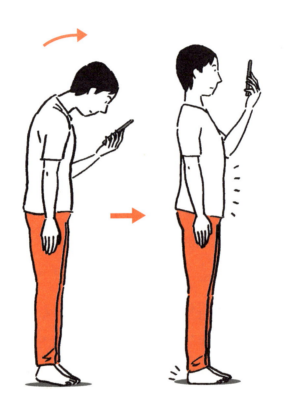

身体为了不向后倾倒,会瞬间给脚后跟施加力量。你应该会很自然地感觉到腹部的发力。腹部用力绷紧,可以提高身体的稳定性。这就是"重心放脚后跟"的动作。

为什么重心放脚后跟会使腹部发力呢?这是因为现代人普

遍姿势前倾，许多人默认身体的重心在前。本来，我们的头部应该使耳朵和脚踝保持在一条线上，并且靠近脚后跟。这才是正确的姿势。然而，随着头部前伸，前后慢慢出现错位，原来收缩的前侧肌肉开始伸长，向腹部施加了更多力量。前倾姿势使腹部表面的肌肉收缩，形成代偿动作，导致背部拉长，出现僵硬和酸痛的症状。

人在站立时与地面唯一接触的部位是脚底。就像建筑的地基不够扎实就会倒塌一样，人体和地面的接触面悬空，就无法维持稳定。我们知道，脚趾悬空或用脚尖站立都会让身体不稳。稳固支撑住站立的身体，"脚底"发挥了非常重要的作用。

要维持躯干稳定的正确姿势，重点在于与地面接触的部位。这个接触部位名为"固定支点"。站立时的固定支点为"脚底"，而坐下时的固定支点为"臀部"和"脚底"。

脚底作为固定支点与地面接触稳当，身体便会自然利用到大腿后侧肌群，躯干也会发力，确保姿势正确。只要一块肌肉用对了，相连的肌肉也会以正确的方式活动起来。

那么，请试着再次站立。除了脚后跟，还要注意大脚趾和小脚趾的根部。有没有发现自己的背部肌肉伸展了，腹部肌肉也开始自然发力了？

想想相机的三脚架。即使不在平坦的地方，沉重的相机也可以通过三点稳定支撑起来。如果我们也能注意到脚底的三点重心，就能平稳站立，不再摇晃。身体核心一旦稳定，以往为了抑制晃动，施加到其他部位的力量就会被撤去，从而使身体回到原来舒服的姿势。这个原来的姿势也就是正确姿势。

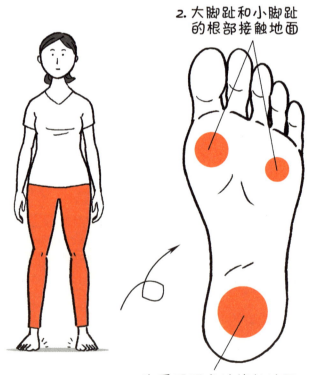

稳住脚底站立

2. 大脚趾和小脚趾的根部接触地面

1. 脚后跟更多地接触地面

只要"重心放脚后跟"站立，就能调节姿势，绷紧身体

由于发达的交通工具、改良的人行道……现代人已经越来越少使用脚底走路了。正如前文所述，越来越多的人走路用小碎步、上下摇晃。原因之一是使用脚底的机会减少，脚底功能下降。尤其是女性在穿高跟鞋时，需要用脚尖站立，因此逐渐不再使用脚后跟。

将重心放在脚尖，很容易引起骨盆前倾、腰椎前凸。由于大腿前侧需要努力支撑身体，导致前侧用力紧绷，体态变形。同时，膝盖负荷也会加重，产生疼痛。此外，由于脚后跟不能着地，向外踢腿也变得很艰难，脚就好像打结了一样。

这时，需要"重心放脚后跟"。只要注意脚踝的下方，

把重心放在脚后跟，脚的上方就能均匀承载体重，并使用大腿后侧肌群让躯干发力，建立更好的平衡。在刷牙、乘电车、等信号灯的时候，只要稍加留意，就能切实改变身体。

除了站立，在坐着的时候，我们也要有意识地让脚底稳稳踩在地面上。坐着办公时，不管弯腰的姿势有多么频繁，我们都要立刻支起上半身。让躯干发力，而不给肩膀和颈部施加压力，这样应该就会感到轻松。

在我的顾客中，有些人即使告诉他们"要把重心放脚后跟"，他们也会回答"不知道脚后跟在哪里"。对于一直在使用错误的行走方式，如小碎步走路的人们来说，他们很难感知到脚后跟。因而他们所需要的是进行脚底放松。

放松脚底之后，感官会变得灵敏，可以更容易感知到脚后跟。脚底，尤其是脚后跟上，有很多调整身体位置、动作和姿势的感受器。刺激脚后跟，也会刺激大脑。下面我会介绍一些练习方法，让你在吃饭、办公、开线上会议时即使坐着也能完成。外出前先刺激脚底，感受踩脚后跟的感觉，走路也会更轻松。

重心放脚后跟 　　重心放脚尖

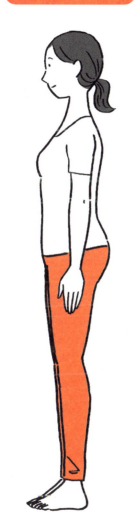
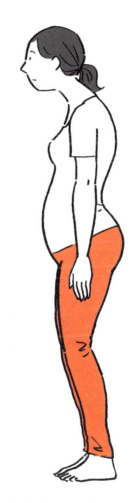

重心放脚后跟,脚踝到耳朵能连成一线,是最理想的姿势。腹部自然发力

为了支撑前倾的身体,大腿前侧的负担加重,更容易发胖。内脏器官下垂,下腹部凸出

与前屈相比，脚底放松的效果显而易见。

首先，请你什么也别想，直接向前弯腰。

然后，在放松脚底之后，"重心放脚后跟"站立，再次弯腰。

相比第一次，手应该离地面更近或者能够碰到地面了。

有感觉到不同吗？

这是因为身体核心很稳定，所以身体前侧不再需要多余的支撑，从背部到臀部，大腿后侧肌群可以自然伸展。由于重心放脚后跟之后，身体恢复了正确的姿势，最终，肌肉和关节也能正常活动了。

只要走路时转变心态，去"感受脚后跟"，就能从小碎步走路变成快步行走。因为脚后跟着地可以让你实现用反作用力踢回地面。同时，躯干也能自然发力，头部没有摇晃的风险，步幅也变宽了，步伐更矫健了。如此一来，与之前蹒跚行走相比，运动量增加了，肌肉力量也得到了强化。

当身体学会了正确的姿势时，骨盆的倾斜将会得到改善，周围的肌肉也会处在正确的位置，我们就会使用正确的发力方式。以往因偏颇的发力方式而僵硬的腰部、肩膀和颈部的肌肉得到舒缓，即使没有进行按摩和放松，肩膀酸痛、腰痛等不适

容易感知脚后跟的方法

抓脚后跟

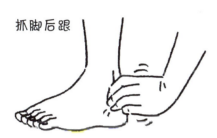

在站起来和走路之前，尽可能抓一抓脚后跟。被触碰的刺激会传给大脑，使其可以更容易感知到脚后跟

用小球放松

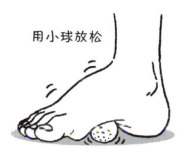

使用放松筋膜的小球或者高尔夫球，按摩整个脚底10秒，然后再刺激脚后跟10秒

脚后跟点地

为了在穿鞋时贴合足部，可以进行脚后跟点地练习。轻轻点地，不要"咚咚"用力

跳跃

进行离地1～2cm的小幅度跳跃，刺激脚后跟。身体不稳的人可以手扶着桌子之类的进行练习

症状也得到了改善。由于肌肉回到正确的附着位置，O型腿、X型腿、拇趾外翻等足部畸形在治疗现场得到改善的案例不在少数。

为了增强对脚后跟的感知，选择易于固定脚后跟的、硬材质的鞋子也非常重要。此外，也可以在自己手头有的鞋里放入鞋垫，防止脚后跟在鞋子里悬空。为了避免走路时不稳当，请考虑使用能够支撑脚后跟的物件。

有意识地腹式呼吸，无须仰卧起坐，一年365天都能锻炼身体

除了"脚后跟"之外，人体还有其他需要稳定的部位。虽然不接触地面，但不管做任何动作，"腹部"都必须稳定。它在身体的中心部位，是躯干的一部分。腹部的肌肉支撑骨盆，如果力量减弱会导致姿势变形，而身体为了维持平衡，会加重足部和肩膀等其他部位的负担，增强代偿反应。于是，腰部和膝盖等部位就会出现疼痛。

为了稳定躯干，锻炼深层肌很重要。即使进行仰卧起坐，如果只锻炼作为浅层肌的腹直肌，也达不到强化躯干的目的。

强化和稳定躯干的状态，是指腹部要像没有凹陷的圆桶一般。最好的状态是腹部内好像有一只鼓起来的气球。相扑运动员的躯干非常强壮和稳固，因此他们的腹部尤为饱满。

肠、胃等消化器官，后侧有脊柱防护，前侧则是由肌肉进行保护，而非骨骼。保护内脏的肌肉也是名为躯干的深层肌。深层肌由横膈膜、多裂肌、腹横肌、盆底肌群等组成。因为能让身体保持笔直和稳定，所以有时它也被称为"天然的塑身衣"。这些肌肉可以用于提升腹部的压力，增强躯干的力量。由于潜藏在深处，对于至今都没有认真运动过，甚至一生中90%的时间里都处于不适状态的人们来说，它们的锻炼难度可能很高。因此，下面我会介绍一种比较容易控制的方法：通过活动横膈膜来强化躯干。

正如前文中所提到的，我们平时的呼吸大部分都是使用胸部的胸式呼吸。通过肋骨之间的肌肉（肋间肌）扩张胸部，并伴随肩膀的上下移动进行呼吸。胸式呼吸虽然容易吸气，有利于空气的输入，但缺点是容易使肩膀和胸部紧张，造成肩膀酸痛和肋骨扩张等不适。持续戴口罩的生活以及呼吸困难，会导致口呼吸[一]和浅呼吸[二]。很多人只会吸气，而不会正常呼气。这样会导致自律神经紊乱。我会在第四章中详细讲解这部分内容。

[一] 口呼吸：用嘴呼吸。——译者注

[二] 浅呼吸：频率很快的呼吸。——译者注

试着边呼吸边休息。

慢慢呼气 10 秒。

呼出全部的时候，你有感觉到腹部的发力吗？

强化躯干的呼吸是腹式呼吸，即呼气时腹部凹陷，吸气时腹部隆起。通过胸部（胸腔）和腹部（腹腔）之间的膜状肌肉，以及横膈膜的上下活动来进行呼吸。

吸气时，横膈膜下降，胸腔扩张，输入更多空气。同时，腹部、侧腹部和背部也都充满空气，使腹腔内的压力增加，稳定躯干。呼气时，横膈膜返回原位。有意识地让腹部凹陷，呼出所有腹腔内的空气，收缩张开的肋骨。通过腹部发力，可以刺激作为深层肌的腹横肌。只需要呼吸，就能够使其得到锻炼。

利用腹式呼吸增加腹腔内压力的状态，我将其称作"腹部运动"。"用力憋气"这个词可能更好理解。不仅是腹部，连腋下和背部也都处于发力和紧绷的状态。这时，躯干会变得稳定，姿势也能保持得很漂亮。同时，内脏器官也会回到正确的位置，改善血液循环和内脏功能，使身体变得不再容易疲惫。

首先，我们要通过腹式呼吸让横膈膜活动起来。一边增加腹腔内的压力，一边锻炼深层肌。吸气时，要想让腹部甚至腋下到背部也都鼓起来，是件比较困难的事。在采用"腹部运动"作为日常动作之前，请先开始练习腹式呼吸。它还有助于改善因肋骨扩张形成的腰椎前凸。

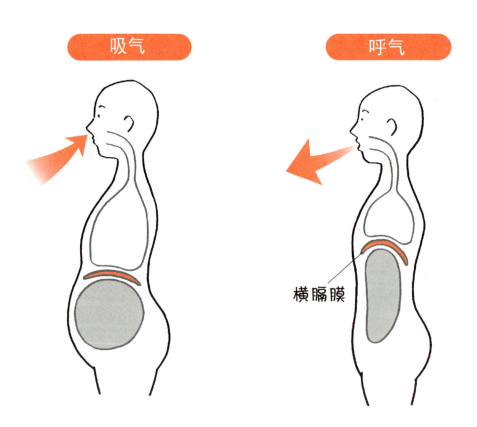

鼻子吸气，胸部和腹部同时鼓起。横膈膜下降，腹腔内的压力增加

呼气时，胸部和腹部同时凹陷，横膈膜回到原来的位置，空气被排出

仰卧练习

步骤1 向下挤压腰部与地面之间的空隙

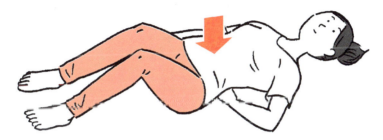

仰卧在床上或者铺了垫子的地面上，双脚打开，与肩同宽，弯曲膝盖。把手放在腰与地面之间的空隙里，背部往下挤压。因为是使用背部肌肉的练习，所以这里可以不必注意呼吸。有能力的人可以试着一边呼气一边下压背部。一次10秒，做10次

步骤2 胸部和腹部同时起伏呼吸

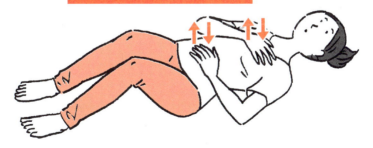

保持仰卧，双脚打开，与肩同宽，弯曲膝盖。一手放在胸部，一手放在腹部，鼻子吸气3秒，呼气12秒。要点：吸气时，胸部和腹部同时鼓起；呼气时，同时凹陷。最重要的是要彻底呼出气体。每次做3分钟

坐下和站立的腹式呼吸练习

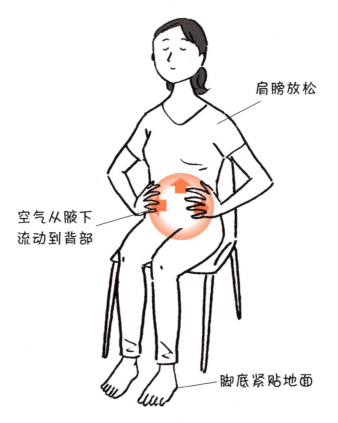

肩膀放松

空气从腋下流动到背部

脚底紧贴地面

习惯了仰卧状态下的腹式呼吸之后，可以坐在椅子上进行。脚后跟紧贴地面，保持身体核心的稳定。双手放在侧腹，鼻子吸气3秒，呼气12秒。吸气时，从腹部开始鼓起后背；呼气时，腹部凹陷。技巧：呼出所有空气时，肋骨向内收缩。最理想的状态是吸气时侧腹瞬间扩张。站立时也用同样的方法练习。看着镜子，确认肩膀是否抬高。肩膀抬高意味着身体不稳定，施加了多余的力气

"重心放脚后跟""腹部运动"能让身体轻松活动，消除疼痛

人只要站着，就在反弹重力。因此这其实是一种肌肉锻炼。仅仅是站着就能锻炼，是不是感觉很了不起？<u>这种 365 天高效锻炼肌肉的关键在于，拥有固定支点的"重心放脚后跟"和"腹部运动"。</u>

站立时摇摆不定会变成一种负担，明明什么都没做，却还是会累积疲劳。如果固定支点稳定，身体就不容易疲惫，能更轻松地活动，人也会变得精神饱满。只要了解了这个固定支点，在健身房就能更加高效地锻炼，开始运动时也会有更漂亮的姿势，更容易取得运动效果。

持续向大脑灌输"重心放脚后跟"和"腹部运动"的信息，养成习惯之后，不管是怎样的动作，都能自然完成。先试

着每天花1秒时间进行灌输吧。

当我向顾客传达固定支点的概念时，他们都非常震惊，表示"第一次听说""原来身体可以动得那么轻松"。只要了解身体的发力方式，即使不进行痛苦的肌肉训练，也能通过日常动作预防肌肉的流失，得到少疲劳、更平衡的身体。"小运动"竟也能锻炼腹部，改善小肚腩，塑造健康的身体曲线。

说句题外话，其实有些职业运动员也不清楚"固定支点"的概念，就这样连续比赛，导致身体出现疼痛的症状。

日本北海道火腿斗士棒球队的高滨祐仁选手，大约4年前因肩膀受伤，被迫退役了。看到他身体发力的方式，我惊呆了。不管是投球还是击打，他的脚底都没有稳稳地踩在地面上。虽然他一直认真做肌肉训练和技能训练，但因为没有注意到脚后跟和脚底的踩踏感，身体核心始终摇摆不定。我指导时告诉他："脚后跟要稳稳地踩在地上。"之后，他的肩膀疼痛逐渐消失，并重新回归一线，2021年，在其领域非常活跃。

接下来，我会具体说明：在日常动作中，如何养成"重心放脚后跟"和"腹部运动"的习惯。首先，我们要通过站立、坐下和走路等基本动作，感受身体能轻松活动的感觉。除了睡觉以外，大部分时间里脚底都会与地板或地面接触。因此无论做什么动作,我们都不能忘记脚底要接触地面。此外,我也会介绍一些日常动作中不让身体疼痛,以及能让身体轻松活动的小技巧。

为了确认自己是否做到了,使用镜子进行检查。

建议使用镜子检查动作是否正确。面向自己的身体,用眼睛确认,这有利于自我认可和提振士气。

肩膀是最重要的检查部位。肩膀突然抬高,意味着身体核心不稳,产生多余发力。尤其是做手臂动作时,要在镜子里检查肩膀是否抬高。如果做到位了,就夸夸自己。

进行日常练习吧！
重心放脚后跟·腹部运动的
基本动作技巧

双脚打开，与肩同宽，重心放脚后跟站立。首先感受脚后跟，然后把重量放在大脚趾和小脚趾的根部。双脚稍微分开一点，这样支撑面积会更大，稳定性也会更强。由于重心放脚后跟，位于大腿后侧的肌群能够发力，使骨盆保持在正常位置，更容易进行腹部运动。

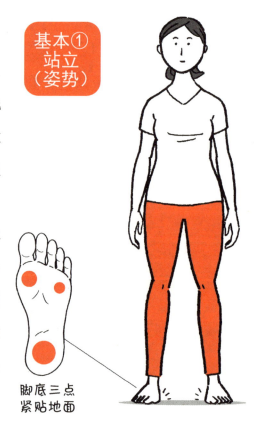

基本① 站立（姿势）

脚底三点紧贴地面

第三章 不需要仰卧起坐和深蹲
只要意识到"重心放脚后跟"就能改变人生

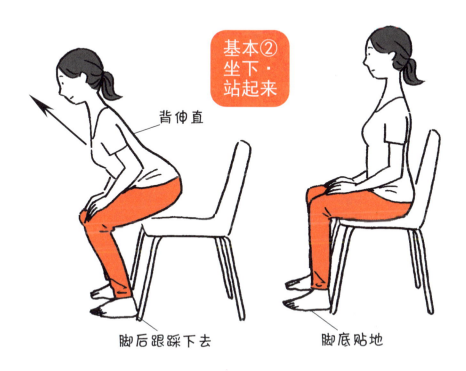

基本② 坐下·站起来

背伸直

脚后跟踩下去

脚底贴地

坐着时，如果双腿交叉或者脚底离开地面，就无法进行腹部运动，还会使背部蜷曲或反弓，因此这是不可取的。坐下时调整椅子高度，脚底要紧贴地面。进行腹部运动时，需要伸展背部肌肉，那么坐得深一点也没关系。但是，脚底绝对不能悬空。

站起来时，以脚后跟为中心，整个脚底用力踩下去，感受重量在前，臀部向上抬，同时起身。就像深蹲的状态一样。像这样，坐在椅子上和站起来时，都能做深蹲运动。

基本③ 行走

看向前方

用力踢起来，向后送出

脚后跟先着地

视线不要往下，笔直向前。脚后跟先着地，走路时向地面后方踢出去。只要注意脚后跟先着地，就能进行腹部运动，增强稳定性。而且，小腿肚、大腿后侧肌群以及臀部等身体后侧都能发力。

如果视线往下，会更容易驼背圆肩，小碎步走路。因此视线也是一个关键点。

基本④
上楼梯

臀部发力
得到锻炼

膝盖不要
太靠前

经常能看到很多人把重心放在脚尖，这样会使上半身摇晃，增加摔倒的风险。即便是上楼梯，也要让脚后跟紧贴地面。如果楼梯的深度太窄，就让脚的前半部分用力压向地面。只要有意识地踩在正下方，就能通过反作用力更轻松地上楼。臀部也能自然发力，用力向上抬起。踩下去的时候，膝盖不要超过脚尖，注意不要让上半身前倾。

进行日常练习吧！
重心放脚后跟·腹部运动的
日常动作技巧

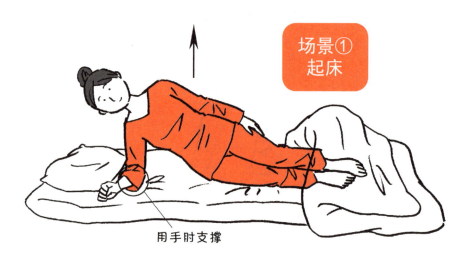

用手肘支撑

在日常生活中进行肌肉训练，从早晨醒来的瞬间开始吧。从被窝里起来时，撑起手肘，做侧平板支撑的姿势。这里的固定支点是手肘。先仰卧，再手肘支撑，最后翻身起床。双腿膝盖可以弯曲。使用手肘和膝盖撑起身体，可以做到每天锻炼周围的肌肉。

为了用键盘打字,我们把手臂放在桌上,往往会造成前倾的姿势。关键是要让双脚紧贴地面,不要让双脚乱伸、交叉或悬空。只要感受脚后跟稳稳地踩在地上,就能进入"腹部运动"的状态。通过椅子扶手或办公桌支撑手臂,使手肘弯曲到90度以上,让手能自然地放在键盘上。

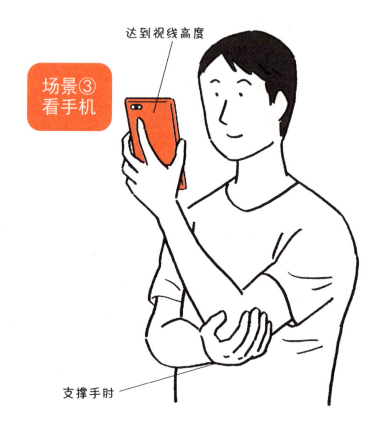

场景③ 看手机

达到视线高度

支撑手肘

手机可以说是身体前倾的罪魁祸首。不要用驼背和头前伸的姿势。无论是坐着看还是站着看，我们都要让脚底紧紧贴地。把手机放在合适的视线高度，伸展背部肌肉。技巧：为了不让手臂太累，可以用另一只手支撑手肘。

由于眼睛会感到疲劳，因此要避免长时间使用手机。

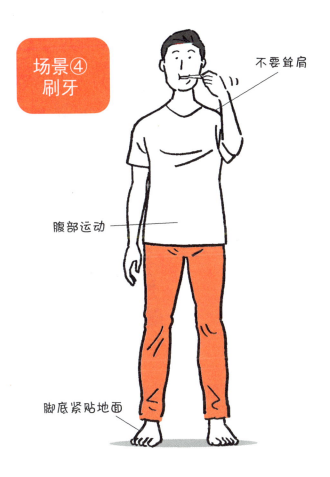

脚底紧贴地面，重心放脚后跟站立。拿着牙刷，夹紧腋下，感觉就像夹着一根体温计一样。如果抬高肩膀，就会用到多余的力气，导致肩颈酸痛。手肘朝下，然后移动牙刷。

在浴室洗头发时，也不要耸肩。使用吹风机时，也要手肘朝下，并且有意识地夹紧腋窝。

坐电车时，我们可能都想要倚靠，但只要双脚打开至肩宽，重心放脚后跟，就能够轻松站立。抓扶手时，最重要的是不要耸肩。地铁和夜间列车的窗户都能映出自己的姿势，检查一下肩膀是否抬高吧。耸肩意味着核心不稳定，会导致肩颈酸痛。

场景⑥
做饭
（洗碗、烹饪）

从髋关节开始弯曲上半身

脚后跟稳稳踩地

　　倚靠水槽会导致身体前倾，不要再做了。离开水池一拳的距离，重心放脚后跟站立。不要驼背，关键是要保持背部挺直，从髋关节开始弯曲上半身。如果水槽高度不合适，就轻轻弯曲膝盖来调整。这时，同样不能忘记重心放脚后跟和腹部运动。

　　在洗脸池洗脸和洗手的时候，也要从髋关节开始弯腰。

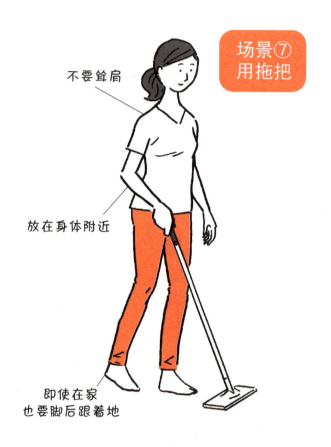

场景⑦ 用拖把

不要耸肩

放在身体附近

即使在家也要脚后跟着地

当使用拖把和吸尘器的时候，按照基本方法站立，把拖把和吸尘器放在身体附近。夹紧腋下，不要耸肩。如果拖地时想偷懒，只伸远手臂，而不移动双脚，就会加重肩膀周围的负担。此外，不要把身体重量压在拖把和吸尘器上，会回到前倾的姿势。

在超市推购物车和婴儿车时，也要夹紧腋下，确保手臂和身体不要离开太远。同时也要避免耸肩，否则身体会很容易疲惫。

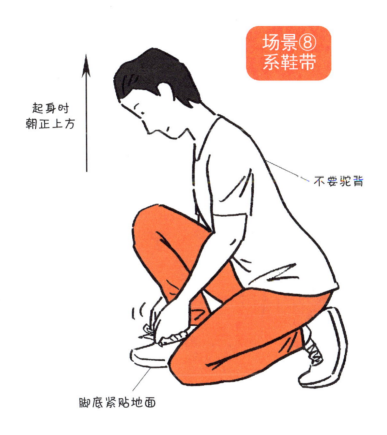

场景⑧ 系鞋带

起身时朝正上方

不要驼背

脚底紧贴地面

走路时，如果想要系上松开的鞋带，从腰部开始弯曲上半身是导致腰痛的原因。单脚脚后跟踩地，正面蹲下系鞋带。起身时，脚底用力往下压，朝正上方站起来。如果把重量放在前侧，反而很难起身，会不由自主地喊出"哎哟"一声。

小运动
随心做

场景⑨
拿起重物

从腰部开始倾倒
只使用手臂抬起

错误

正确

靠近身体

整个脚底踩住地面

当我们拿大米等重物时出现腰痛，是因为只发挥了手臂的力量。按照基本方法站立之后，轻轻弯曲膝盖，腰部下沉，伸直后背。从髋关节开始弯曲腰部，把物品靠近身体后，往上抬。只要脚底用力踩住地面，进行腹部运动，就能减轻负担。

第三章 不需要仰卧起坐和深蹲 103
只要意识到"重心放脚后跟"就能改变人生

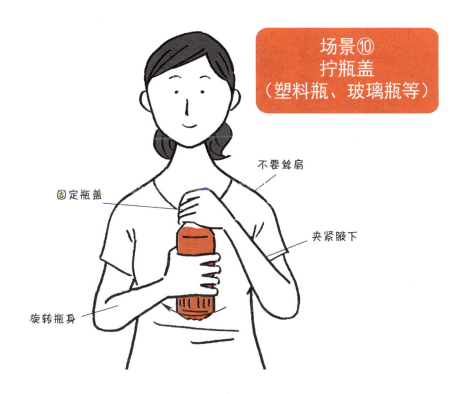

　　重心放脚后跟，通过腹部运动站立或坐下之后，手拿塑料瓶。夹紧腋下，注意不要耸肩。手放在瓶盖上不要动，旋转下面的瓶身。以瓶盖上的那只手为固定支点，即使力气小的人，也能轻松拧开。这种方法也同样适用于玻璃瓶的瓶盖等。

场景⑪
抱孩子

另一只手也
要好好支撑

手背面
向身体

腹部发力

　　受腱鞘炎困扰来到我院的患者大部分都在带孩子。虽然照顾孩子会加重手腕的负担，但只要改变抱孩子的手臂方向，就能变得轻松许多。一般我们会用手臂内侧环抱孩子的身体，但其实使用手臂外侧才是关键所在。这样就不需要用手臂力量支撑，而是利用腋下和腹部等躯干部位来支撑身体。即使长时间抱着孩子，也不容易感觉到累。

　　这在护理工作中也非常实用。当病人起不来床需要从旁协助时，也可以使用手臂外侧，不用费力就能把人抬起来。

> **专栏二**
> **事先了解身体哪里应该稳定和活动，以便发挥身体功能**

除了脚底和腹部，身体还有其他可以提供稳定性的部位。如果失去稳定性，身体会因为摇摆不定，而无法流畅地做动作，甚至造成腰痛和膝盖痛。为了活动身体，我们不仅需要稳定性，还需要能够灵活移动的部位。有了提供稳定性和灵活性的部位，代偿动作就会消失，身体就能更高效地活动，不容易产生疼痛。这被称为"相邻关节（Joint by Joint）理论"。

例如，膝盖疼痛是由于髋关节或踝关节的灵活性降低，从而使得本应保持稳定的膝关节进行负担补偿。人的整个身体是具有联动性的，如果每个部位都能正常发挥功能，身体就能无负荷地进行运动。

只要知道哪里需要稳固，哪里需要放松，就能提高拉伸和训练的效果。请牢记这一点。

各关节的功能

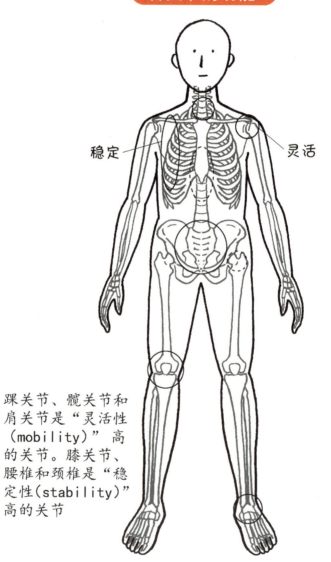

稳定

灵活

踝关节、髋关节和肩关节是"灵活性（mobility）"高的关节。膝关节、腰椎和颈椎是"稳定性（stability）"高的关节

专栏三
利用空闲时间进行"随同训练"来改善身体

我认为生活中的所有时间都能进行训练,因此即便是在开会和讨论,自己也会悄悄做肌肉训练。其中之一就是"舌头训练"。

随着年龄的增长,肌肉力量下降,舌头根部会往喉咙的方向下沉。这被称为"舌后坠"。舌后坠不仅是打鼾的原因之一,还会导致误吞异物或呼吸困难。因此,从现在开始锻炼自己的舌头。操作方法很简单,只需将整个舌头紧贴上颚即可。

可喜的是,它还会附赠一个效果:下巴周围变紧实了。因为舌头上顶,可以锻炼从下巴到锁骨的舌骨下肌群。

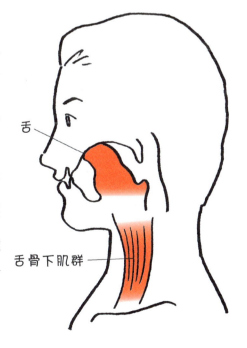

嘴巴经常张开的人也能通过舌头训练得到改善。

前文提到，人体并非左右对称。因为内脏器官很少有配对，在体内会偏向一侧。器官在结构上容易偏向右侧，因此我平时会有意识地使用"左侧"。

例如，在通过自动检票口的时候，我会用左手轻扫 IC 卡，或者用左手往自动售货机里放零钱等。只要在日常动作中有意识地使用左侧，就能调节左右的不平衡。这也是一种"随同训练"，是"小运动"的动作。

小　结

- 如果不清楚身体的发力方式，一直做重心偏移的动作，会引发体态变形、不适和疼痛。
- 让整个脚底紧贴地面，即"重心放脚后跟"，可以改善驼背和腰椎前凸，塑造优美身形。
- 只要在生活中使用"重心放脚后跟"和"腹部运动"，就能强化作为身体核心的躯干，维持肌肉力量。

第四章

调节自律神经,彻底改善失眠和疲惫感

只需一秒!自然迸发动力的小习惯

不擅长休息的人更容易疲劳

当我们感觉到不适时，通常会郁闷、失眠，做什么事也不开心，甚至连"小运动"的动作也一点都不想做。

即使听到"运动会舒缓心情"这样的话，对于生活中90%的时间都感觉不适的人来说，很难想象神清气爽是什么体验，有些人甚至都不想尝试。但即便如此，<u>如果我们什么都不做，最终会陷入一种恶性循环。在家过得无所事事，增加焦虑和厌倦的情绪，甚至更加提不起劲。</u>

造成这种恶性循环的原因之一是自律神经紊乱。如今，导致自律神经紊乱的原因有很多。比如，人际关系造成的压力、工作日和休息日加班造成的过劳、电脑和手机造成的光刺激和信息过载等。此外，由于疫情的影响，越来越多的人患有抑郁情绪。比如，对可能感染的不安和紧张、新的生活方式造成的压力、对经济方面的担忧等。自律神经紊乱还与荷尔蒙关系密切。尤其是女性，据说特别容易出现自律神经紊乱的症状。

然而，大家也不必过于恐慌。每个人都会出现自律神经紊乱，只需通过一些微习惯就能进行调节。紊乱出现时，如果我们自己能够调节，有症状不拖延，就能摆脱恶性循环。

当我询问因身体酸痛来院的顾客时，他们无一例外地都患有"疲劳难消""食欲不振""失眠""没精神""手脚冰冷"等各种不适。这些症状都是由自律神经紊乱引起的。我在第一章中提到，即使改善了疼痛本身，如果不改善心理和社会方面的因素，疼痛也会反复发作。要想从根本上改善不适，调节自律神经是绕不开的话题。接下来，我们来谈谈自律神经。

我们的健康都得益于内稳态系统。在这个系统中，以心脏为代表的内脏器官、血管和呼吸系统一刻不停地工作，维持着稳定的状态。而内稳态的核心支柱是自律神经。当我们发热时，身体会通过出汗使体温下降。白天，我们会非常活跃，而到了晚上，则会进入睡眠。这些都是自律神经发挥控制作用的结果。

自律神经由交感神经和副交感神经组成，前者处于活跃状态，后者处于休息状态。自律神经像电话线一样连接着大脑和各个器官，通过大脑给各器官发出各种指令，如"今天可以休息""稍微活动一下"等。但这并不是一条单向通道，而是双向的。各器官也会给大脑传递信息，如"运动过度有点累""是否应该休息了"等。然而，即使身体能够自我调节，也会被一些坏习惯打乱节奏。

当交感神经占主导地位时，我们会积极工作，充满动力。当副交感神经占主导地位时，我们会感受到放松和平静。平时，自律神经就像跷跷板一样保持着高度平衡，但当受到来自外界的刺激时，它会迅速向任一方向倾斜。当我们紧张或愤怒时，交感神经会占据主导地位。我们会血压升高，心跳加速，甚至肌肉收缩，身体僵硬。在重大汇报、发布会以及各种公开演讲的紧张场合，我们之所以会出冷汗或者心慌，是因为交感神经在作怪。当一切结束之后，副交感神经会占据主导地位，引导身体放松下来。因此，我们会不由自主地长呼一口气。

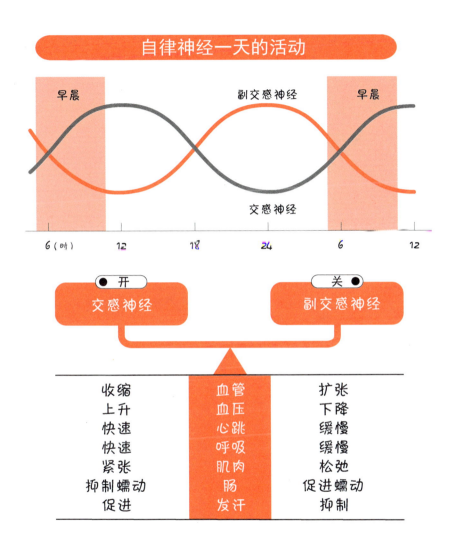

交感神经在太阳升起时，开始活跃；在太阳落下时，进入休眠。本来，两种自律神经应该是按照一定规律互相轮换的系统。然而在现代，这样的生活节奏很容易被打乱。因为灯光可

以一直亮到深夜，而智能手机等设备能够让我们不分昼夜地使用和享受。由于长时间处于交感神经开启的活跃状态，我们自然会感觉到疲惫。此外，一些勤奋努力、总是全力以赴的人，也会保持交感神经开启的状态，致使身体得不到休息。

　　我们可以控制开启（交感神经）和关闭（副交感神经）的开关。这同样只需要意识方面的一点小改变。<u>因为人并不擅长关闭开关，所以我们要有意识地开启副交感神经，进入休息状态。</u>

　　通过调节自律神经，身心状态都会变好。内脏器官会正常运作，使身体不再容易感到疲惫。以前觉得麻烦的事情，也能迈出步伐去尝试。我们会自然迸发出动力，去提升工作表现，留出时间享受爱好，提高生活品质。

睡眠不足是侵蚀身心健康的元凶

在肉眼难以察觉的不适症状中,"失眠"问题有逐渐增加的趋势。

明明身体很累却无法入睡、周末睡 10 小时以上仍然很困、入睡和清醒都很困难、夜里经常醒来、从起床的那一刻起就感觉疲惫不堪……对失眠的焦虑不安会化作负面情绪,充斥整个压力桶。这是负面循环的开端。

之前我曾提过,在向顾客问诊的过程中,排名第二或第三的不适症状必定是"失眠"。由于疫情的影响,不仅是成年人,越来越多的小孩也出现了失眠症状。来自家长的咨询次数急剧增多。对病毒的担忧、不规律的学校生活,都变成孩子的压力,使得他们身体发出求救信号。

自律神经紊乱是导致"失眠"的原因之一。此外还涉及许多其他因素，如白天活动少、睡前饮酒、摄入过多咖啡因、室内光线和温度等。

如果失眠持续一个多月，就可以诊断为"失眠症"。它会给身体带来各种负面影响，记忆力和注意力会下降，工作上的失误会增加。休息不好就无法摆脱疲劳，还会受到不安的侵袭。不仅情绪会变低落，还会引起眩晕和头痛等并发症。最终，可能还会患上抑郁症或恐慌症等心理疾病。一些数据表明，睡眠时间少的人大多寿命较短。

虽然我们可以通过安眠药和其他药物暂时改善症状，但除非改变长久以来的饮食等生活习惯，否则失眠问题无法得到根本上的解决。在我的顾客中，也有很多人不吃药就睡不着觉。

改变入睡方式是一件很难的事情。甚至我们越是想要早睡，就越睡不着。数羊，反而会让自己更清醒。关键在于打开早晨的清醒开关。正如前文所说，人并不擅长关闭休息开关。因此，通过早晨打开活跃开关，身体会更容易启动，能更早得到改善。

慢慢地深呼吸，进入休息模式

当我们心情沮丧、意志消沉的时候，脸往往会朝下看。此时，呼吸道变窄，呼吸会变浅。呼吸越浅越急促的人，吸气会越来越多，使得交感神经处于主导地位，导致自律神经紊乱。

自律神经是沿着脊柱侧面运行的。如果我们有身体前倾的习惯，背部非常僵硬，就会压迫自律神经，使动作变得迟缓。颈部到背部都很僵硬的人也要特别注意。

呼吸是调节自律神经的最快方式。慢慢呼气可以让副交感神经占据主导地位，从而使身体放松。与此同时，吸气会使交感神经占据主导地位。

一般来说，驼背会导致腰痛、肩膀酸痛、压迫内脏等不适，因此我们不应该采用身体前倾的姿势。不过，为了呼吸时能够放松，关键在于学会"正确的驼背姿势"。使用第三章中介绍过的腹式呼吸法，可以让我们进行深呼吸。技巧：呼气时，肋骨要向内侧收拢。通过背部蜷曲，肋骨会更容易向内收缩。此外，吸气时，隆起后背也很重要。腹部呼吸不仅需要把空气输入腹部，还需要一路经过腋下来到背部。因此要有意识地感受后背，通过隆起后背，受压迫的自律神经也会更容易放松。

双手抱膝坐在地上能够自然形成一个正确的驼背姿势，从而进行深呼吸。此外，这样我们也能更容易感受到后背的隆起，因此我推荐大家用这个姿势进行腹式呼吸。在看电视或者在家休息的时候，可以试着做这个练习。只要我们学会了感受后背的呼吸方法，在紧张或焦虑的时候，就能通过深呼吸切换到休息状态。

睡眠不好的人，可以在睡前双手抱膝坐一会儿，慢慢深呼吸，让副交感神经占据主导地位，从而使自己更快进入睡眠状态。

以双手抱膝的坐姿来呼吸和放松

臀部紧贴地面,双手抱膝坐下。慢慢呼气10~12秒,腹部凹陷,肋骨向内收缩。用力呼尽所有空气之后,用鼻子吸气3秒。要点:将空气输送到背部。最好要隆起后背

生活方式变得多样化，不规律比规律更加普遍

虽然每个人都明白，调整生活节奏是获得健康的捷径和良策。然而，如今这个时代，我们很难过上规律的健康生活。因此，我建议大家过"不规律的健康生活"。

现在，越来越多的店铺营业到深夜，人们不用在意时间就可以出门。有些人还需要在夜里工作。我们可以24小时上网，很方便地联通全世界。以前的时间观念已经完全改变。我自己也亲身体会到，网络上充满了各种有趣的内容，自己的时间根本不够用。工作和个人生活方式的多样化，使得为每个人设置同一种"有规律的"标准变得不切实际。在当今社会，我们不必强行让生活变得规律起来。最重要的是，接纳不规律的生活，思考在当下如何找到合理的生活方式，并且付诸行动。改

变外部环境并不容易，但我们至少可以建立自己的日常秩序。

事实上，我也过着不规律的生活。睡觉时间不固定，吃饭时间也一天一个样。在这种情况下，为了调整状态，我制定了一套固定的作息时间。比如，早起之后先晒太阳、喝一杯水、冥想一会儿……虽然起床时间不固定，但我决定至少保证6小时的睡眠时间。因为我经常工作到深夜，所以相比勉强早起，稳定的睡眠时间更符合规则。这就是我自己"不规律的健康生活"。此外，要想从交感神经切换到副交感神经，洗澡是必不可少的。如果身体处在活跃状态，睡眠会变浅，因此我们洗完澡之后不要拿手机，听一会儿放松的音乐，为进入睡眠做好准备。只要不断重复这些步骤，逐步养成习惯，就能让身体放松下来。所以，我觉得没有理由不去做。

我们不需要和别人做同样的事情，按照自己的方式思考问题才是最重要的。不是因为别人都这么做，而是它对我们自己而言是舒适和必要的，所以予以采纳。为此，请务必重视与自己相处的时间。同时，你可以重读第二章介绍过的养成习惯的方法。

早上开启！晚上关闭！下意识打开开关的小习惯

作为每个人都具备的身体节律，自律神经原本可以进行自我控制。但如今这个时代，它的功能非常容易被打乱。自己有意识地切换开关才是改善身体的关键。

<u>早晨打开开关，让身体活跃起来；夜晚关闭开关，让身体放松下来</u>。以前，副交感神经会从下午开始慢慢占据主导地位。如今，即使太阳落山之后，街道上也依旧灯火通明。室内灯光以及电视、电脑、手机屏幕发出的蓝光，都会导致身体难以切换为副交感神经占主导，进入休息状态。因此，夜晚也需要对光线进行控制。建议养成睡前关闭手机的习惯。

当然，我们不必采纳所有意见。在第二章中，我们已经找到了自己现在的不安和不便。接下来，就从可行性更高的解决

方法开始实行。

我大致选出了对"自律神经"和"睡眠"有用的方法。其中大部分都是不需要费力气且1秒就能完成的动作。我已经做好标记，请根据自己的目标开始行动吧。

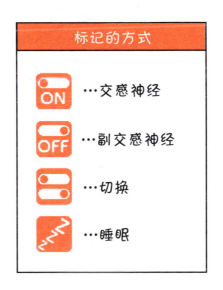

- **醒来后在床上做"虾式动作"**

身体朝向侧面，双手抱膝，蜷曲身体。这是双手抱膝坐地的横向版本。通过深呼吸可以更快地调节自律神经。呼气12秒，吸气3秒，做3组这样的腹式呼吸。氧气遍布全身时，我们会彻底清醒。如果时间紧张，就只做1秒钟的虾式动作，也能伸展背部，让身体进入活跃状态。还能改善腰椎前凸，一举两得。

- **通过拉伸激活交感神经**

睡觉时伸展蜷曲的身体，可以让血液流动变快。当积蓄在体内的能量被释放出来时，交感神经就会占据主导地位。如果我们不想从被窝中起来，从虾式动作开始伸展会更容易动起来。就像跳跃时，先收紧身体再踮起脚，反而会跳得更高一样，先蜷曲再伸展有利于释放能量。

● **早晨让额头沐浴阳光**

晒太阳时,大脑会分泌名为"血清素"的快乐激素。血清素在夜间会逐渐转化为"褪黑素"。褪黑素是一种促进睡眠的激素。

沐浴阳光后经过 15 小时左右，我们的身体系统会自然地产生睡意。虽然来自眼睛的刺激会更快地抵达大脑，但直视太阳光很危险，因此让额头沐浴阳光是促进由快乐激素分泌的关键。

- **起床后，喝一杯水**

即便是冬天，我们睡觉时也会出汗，导致体内一直处于水分不足的状态。起床之后喝一杯水，有助于补充水分。同时，这也有激活肠胃、开启活跃状态的功能。技巧：一边慢慢喝水，一边想象水从嘴巴经过食道进入肠胃的活动过程。对内脏的感觉被称为"内感受"，是维持内稳态不可欠缺的感觉之一。呼吸和心跳也是内感受。身体不适的人通常很少花时间和自己的身体相处，因此通过喝水感受内脏的活动，对改善身体非常重要。

- **上午散步 15 分钟**

定期进行有规律的运动能够促进血清素的分泌，有利于精神稳定。当你有心事和烦恼时，散步能帮你厘清思路。血清素分泌越多，促进睡眠的褪黑素也会增加，睡眠会变得越来越好。注意"重心放脚后跟"，有节奏地行走吧。

- **使用肢体语言给自己打气**

运动员在比赛前会把手放在胸前，或者摆出振臂高呼的姿势。这是在暗示自己:"要上场了。"轻拍双腿则是为了告诉肌肉:"现在开始动起来。"当我们需要花时间完成工作时,为了激发动力,可以做出振臂高呼的姿势,给自己打气。在资格考试或重要的商业谈判之前做,也很有效果。当我们出现负面情绪时,只要做出"挥挥手"的动作,它们便会不可思议地消失了。

除了肢体语言,建议大家可以准备一些提振士气的短语。比如,我会在工作前出声告诫自己"保持平常心""凡事向前看"。

● 大豆和香蕉能够增加快乐激素

"色氨酸"是产生血清素所需的营养素之一。它是一种必需氨基酸，只能从饮食中摄取。豆腐、味噌、纳豆、豆乳等大豆制品，酸奶、奶酪等乳制品，香蕉、杏仁、鸡蛋等食品中都含有色氨酸。尤其推荐香蕉，建议在早餐时摄入。

● 拉扯耳朵的按摩法

疫情的影响下，我们经常戴口罩，而口罩的耳挂会扯到耳朵，导致耳朵变得僵硬。因为耳朵和头部的肌肉相连，所以也会引起头部疼痛。由于耳朵周围有大直径的血管和毛细血管，因此通过按摩可以促进血液流通，缓解身体紧张。还能舒缓头疼，消除眼睛疲劳。

● 通过腹部按摩缓解紧张

当副交感神经处于主导地位时，肠道蠕动会变得非常活跃，排泄也会十分顺畅。肠胃是直接传递紧张的部位。当交感神经占据主导地位时，肠胃会绷得很紧，需要得到放松缓解。

可以用指腹轻轻按压肚脐周围。

● 手部按摩

手和大脑的感觉区相连，是容易接收良好刺激的部位。同时，触摸双手可以促进一种快乐激素"催产素"的分泌，进而获得幸福感。虽说通过肌肤接触会利于增加它的分泌，但进行自我按摩也可以拥有同样的效果。如果我们想让心情平静下来，建议试着用双手抱紧自己。

● 轻轻按压眼皮上方，放松眼球

在工作的休息期间，建议通过按压眼球，进行短时间的放松。从眼皮上方开始轻轻按压眼球3秒，可以瞬间卸下力气，平复高亢的心情。

睡眠不好的时候，也可以从眼皮上方开始按压眼球，让入睡更加顺畅。

● 咖啡只限白天喝

有清醒作用的咖啡因，会扰乱自律神经，影响睡眠。将它从体内排出需要5~6小时，因此如果晚上喝得较晚，就会导致无法入睡。建议尽量在白天喝咖啡。如果实在想喝，就在下午3点的休息时间之前喝吧。晚上可以喝不含咖啡因的咖啡或茶。不仅要控制饮用时间，还要控制摄入量。

● **在房间或桌上放绿植**

工作忙碌的时候，我也会感到压力倍增。这时，我会前往自然景色丰富的地方，即使是当日往返的行程，也能让我释放内心。呼吸自然的空气，眺望绿色的风景，可以让人十分放松。因为吸入负离子充沛的空气，能使副交感神经占据主导地位，而绿色能从视觉上使心情平静下来。在国外，作为"森林疗法"，它也广泛应用于医疗。想要在日常生活中应用这种疗法，你可以用植物装饰房间，从而获得心神宁静的效果。

● **听粉色噪声放松大脑**

脑电波有很多种类。放松状态时发出α波，感到焦躁时发出γ波，平时发出β波，浅睡眠时发出θ波。当我们想进入休息状态时，最重要的是引导大脑发出α波。音乐是释放脑电波的有效办法。研究表明，音乐的频率会对脑电波产生影响。推荐使用"嗡嗡"的低音，即粉色噪声，引导大脑发出α波，进入放松状态。它拥有心跳、脑电波等生物节律所特有的"1/f噪声"性质，可以使人心情愉悦。大自然的声音也属于

"1/f 噪声"，比如鸟叫声、流水声、波浪声等。在视频网站以及音乐播放网站上都可以检索到这样的声音，你可以试试看。

• 上床前 3 小时结束进食

在胃消化完毕之后，副交感神经会占据主导地位。消化过程需要 3~4 小时，因此在快要睡觉之前，建议控制饮食。如果消化还未完成就睡觉，会给肠胃增加负担，睡眠会变浅。而且早晨起床时，也会抱有"胃很沉重"的不适感。同时，这也给早上的活动带来负面的影响。如果因为工作的原因，吃饭必须推迟到很晚，可以选择一些好消化的食物，如味噌汤、菜汤、粥等。

• 睡前 90 分钟泡澡，解放身体，放松心情

当深部温度⊖瞬间上升和下降时，身体会打开副交感神经，入睡会变得很顺利。上升的深部温度会在大约一个半小时内下降，因此最好在睡前一小时到一个半小时内泡澡。

使用 40 度左右、较舒适的水温，浸泡 15~20 分钟，让身体慢慢热起来。把肩膀也泡在水中，利用浮力帮助身体摆脱重力，能够得到彻底放松。

⊖ 深部温度：也称核心温度，是机体内部（心、脑、肺、腹腔等处）的温度。一般口腔、腋下、直肠所测量的温度可代表深部温度。——译者注

太烫的热水会使交感神经占据主导地位，产生反作用。

● 说"谢谢"表达感恩

表达积极的话语比消极的话语更重要。通过感谢他人，大脑会获得安全感和幸福感，精神也会更加稳定。

日本自古以来都非常重视人与人之间的联系，体谅身边人的情绪。表达感谢也是其中一种表现。能够为他人做事、感谢他人，这样的人一定内心非常丰富，也会更加成功。那些向工作人员和粉丝表达感谢的运动员，通常会有不错的成绩。

小　结

- 自律神经紊乱是导致倦怠和失眠等长期不适的原因之一。
- 人不擅长关闭开关，要学会有意识地切换到休息状态。
- 在不规律的生活中也要形成一套自己的作息时间，用心过一种"不规律的健康生活"。

第五章

经验谈

不适消失了,生活好转了!

"小运动"的习惯改变了身体!

到目前为止，我所介绍的内容都是如何指导来到整骨院和健身馆的顾客。下面我将介绍一些案例，具体说明这些来到我院的顾客是如何从不健康走向健康的。

人的不适和疼痛千差万别。虽然每个人的情况各不相同，但如果这些案例能够成为你向前迈出一步的契机，我将十分欣慰。

案 例 一

> **40 岁的相田女士**
>
> 从膝盖疼痛，到步行困难。
>
> 通过重心放脚后跟、腹部运动提高身体重心的稳定性，获得改善。

深刻体会到"自己的身体要由自己守护"

我从小就很喜欢运动，一直有滑雪和跳日本舞蹈的爱好。特别是滑雪，我甚至还参加了高山滑雪大赛。参加工作之后，我也一直在坚持。相比待在家里，我更喜欢周末外出。总体来说，我是比较活泼好动的一类人。

我对自己的体力很有自信,但膝盖疼痛让我来到了整骨院。那天,我感觉自己右侧的膝盖好像向外脱臼了,右腿疼得一步都走不了。虽然之前也多少感觉有些不对劲,但因为不影响日常生活,即使有一点不舒服,我也并没有留心。我甚至不记得症状是什么时候开始出现的了。当时,我真的认为只是轻微的不适。

　　然而,视而不见的结果是,疼痛导致我无法随意行走。由于身体无法动弹,我的内心也变得闭塞起来,逐渐提不起精神。那时,我第一次意识到,不能随心所欲地掌控自己的身体有多么痛苦。虽然人与人之间的幸福观念不同,但健康是每个人共同的幸福标准。我甚至开始钻牛角尖,觉得如果无法活动身体,就没有活下去的价值。

　　我先去了某大学的附属医院,心想得去骨科治疗膝盖疼痛的问题。医生诊断我为早期变形性膝关节病,给我注射了止痛针。因为处于病症早期,医生让我静养,看看情况。只是药效一旦消失,我又会疼痛不止,难以动弹。走路也变得十分困难,我只能打车去医院看病。

　　膝盖痛了,我就喝止痛药,或者定期去医院注射止痛针。医生告诉我:"要减少外出,尽量使用椅子生活。"我感到非常焦虑和绝望，若长此以往下去，可能就没办法走路了。正当这时，我经熟人介绍认识了长岛先生。

医院告知我"要静养，不然就要做手术"，而长岛先生却告诉我"只是静养是没办法痊愈的"，并指导我走路方法。"欸，可以动吗？"我感到非常震惊。按照先生的指导，我试着动了起来，虽然很疼，但我终于能走路了。他的方法是"重心放脚后跟"和"腹部运动"。为了稳定躯干，我学会了腹式呼吸，第一次发现自己的躯干力量非常薄弱。因为自己有在滑雪和跳舞，这两种运动都需要用到躯干，所以我一直以为自己的肌肉力量比别人强。这下让我备受打击。

呼吸和走路方式对我来说如此自然，在此之前，我根本没有注意到它们。突然要学习正确的方法，说实话，我并没有立刻掌握。但是，长岛先生把理论讲解得通俗易懂。这些知识慢慢进入了我的脑中，使我的意识也逐渐发生了变化。我会偶尔下意识地把"重心放脚后跟"站立。走路困难的时候，我会意识到需要利用呼吸来稳住腹部。随着不断重复这些动作，我感觉"哦，现在不疼了"的时刻越来越多。然而，疼痛并不会立刻消失。我深刻体会到控制自己的身体是多么困难的一件事。不过，在那之后，我减少了对止痛药的依赖，相信自己可以用双腿走路。尽管仍然有疼痛方面的阻碍，我也能始终保持活动的意愿。一个月后，我恢复到能够出远门的状态了。

我从心底感慨：用自己的双腿走路、能够控制自己的身体是多么幸福的事情。这次的经历也让我产生了<u>强烈的愿望：想要延长自己的健康寿命</u>。之后，我开始去 nicori 健身馆锻炼。

去健身馆锻炼，是在整骨院接受指导的延伸。为了正确发力，我使用"动态的拉伸器械"进行柔韧性训练。主要是进行舒适的身体拉伸，而不是通过加重砝码来进行肌肉训练。教练告诉我，由于我的背部肌肉没有正确发力，肩胛骨周围变得很僵硬。我再次感到很吃惊，明明是自己的身体，竟然有这么多不了解的地方。<u>我第一次发现，自己活了 40 年，一直在做错误的动作</u>。同时，我也再次意识到，<u>只有自己才能保护好自己的身体</u>。

这次膝盖疼痛的经历，使我现在过得比之前快乐好几倍。身体一旦活动起来，人就会变得精力充沛，生活也会变得丰富多彩。最近，我的杂念很少，考虑事情时也变得简单纯粹。自己能够明确判断哪些想要哪些不想要，即使没有拥有各式各样的物品，我也不会感到不安。

如今，我会更积极地看待膝盖疼痛的经历，把它当作为了取得以上心态的过程。当然，我们最好还是不要经历这种痛苦，也尽量不要感受这种不适。因此，平时的防范工作十分关键。我对此深有体会。长岛先生告诉我：<u>如果我们知道身体发力的正确方法，普通生活也能过得鲜活快乐。要相信自己身体里存在真正的力量。</u>人无法独自生活，因此我只能感谢自己遇到的这一切。

来自长岛的解答

初诊时，相田女士的膝盖已经发炎肿胀。让我更加关注的是，相田女士对做任何事情都感到十分不安，抱有一种强烈的恐惧感。这种情绪通过身体表现了出来，她全身都硬邦邦的。这是一种有别于僵硬的坚固。此外，虽然她的身体前侧很结实，但背部和大腿后侧肌群的力量却十分薄弱。我判断，这样的身体状态即使注射止痛针，也只能缓和疼痛，并且膝盖还会进一步变形。

考虑到首先要消除对方的不安情绪，我不断跟她沟通，告诉她："疼痛只是暂时的，不用担心。"相田女士本来是一个活泼开朗、精力充沛的人，因此我认为，面对自己无法行走的现状，她有相当严重的焦虑情绪。

虽然相田女士认为自己"背部僵硬"，但其实她的背部柔韧性很强，可活动范围很广。身体僵硬其实来自她的恐惧心理。越直率的人，对疼痛的捕捉就越敏感。

经过两三次治疗后，患病部位的炎症已经好转，但大脑深处的焦虑和恐惧并没有消失，过了大约一个月之后才得以消除。除了电击和其他在整骨院能做的治疗以外，我只让她做了两件事。第一是脚底紧贴地面，第二是通过腹部隆起的腹式呼吸来稳定躯干。我会让她在整骨院实践这个方法，并且从体感上感受不到疼痛。每次我会对她说"没关系""不疼吧"，让她认识到自己"能做到"，给大脑良性的刺激，这样焦虑就会消失不见。

现在，相田女士一直会去健身馆练习背部发力。虽然她的背部很柔韧，但与前侧相比，背部的肌肉力量很弱，因此她正在加以改善。

曾经情绪低落的相田女士说："想要延长健康寿命。"听到她如此积极的话，我感到非常高兴。

案 例 二

30 岁的岛崎女士

呼吸都很困难，像铁板一样僵硬的后背。

腹式呼吸、早晨让额头沐浴阳光……通过点滴积累，呼吸更顺畅了。

长期的身体不适好转后，我意识到了心理问题

我在一家小餐馆工作，要兼顾厨房和前台两个地方。受疫情的影响，店里的营业时间减少了，我才有更多的时间关注自己的身体。以前，我都是工作到深夜，早上才睡觉。因为还要采买，所以中午也要起来工作。即使是冬天，厨房也非常炎热，导致我曾多次中暑。每周一次的休息日，我都会一觉睡到傍晚。昭和年代拼毅力的精神一直根植在我的心中。为此我会持续不断地鞭策自己，不允许自己的体力跟不上，要更加努力。

我天生单耳失聪，上体育课也只能旁听。因此，与其他人相比，我的基础体能应该很差。虽然知道最好要运动，但我连

跑都跑不起来。就算朋友告诉我"跑步的感觉很好",我也没有体力跑步。可能还没好好出一身汗就先倒下了。我一直感到非常自卑,觉得只有自己做不好。

持续繁重的工作导致背部疼痛,内脏和肺部都受到压迫,我开始感觉不妙。就在那时,长岛先生的整骨院正好就开在我工作单位附近,于是我开始时不时地去看诊。当时,我感觉自己的身体状态已经到了极限,正考虑辞去工作。但重新思考之后,还是打算在辞职之前尽可能挣扎一下。最糟糕的身体状态促使我打起精神,"想看到自己身体健康的状态,哪怕生命中只有一次也好"。

在整骨院,我接受了电击和人工手法的治疗,总之相关的讲解非常详细,通俗易懂。虽说里面的工作人员都持证上岗,但让我感到惊讶的是,他们怎么能对人体如此了解?他们会简单明了地告诉我身体处于什么状态,以及为什么要如此治疗。因此,我会很容易地感受到身体正在好转。我是一个自我肯定感很低的人。比起自己付诸行动让自己变好,接受专家的治疗并得到改善,会更容易得到我的认可,使我拥有信心。

当我去做身体按摩的时候,对方会含糊地告诉我"要多运动"。但是,长岛先生则会告诉我具体应该怎么做,这对我帮助很大。而且，他还指导我要"呼吸"。我很吃惊地问："啊？呼吸就行了吗？"

因为背部僵硬曾经使我呼吸困难，所以我现在更能感受到呼吸顺畅的美好。当氧气在体内正常流通时，头脑也会变得灵活。即使在辛苦的工作中，也会闪现灵感，切实提升工作表现。

之后，我学习了"重心放脚后跟"的动作。因为我工作时经常站着，所以"重心放脚后跟"的效果不言而喻。此外，我还学习了技巧：如何拿起锅以及其他比较沉的烹饪工具。拿重物时，我们往往只会移动手肘到前面手腕的部分，但如果从肩胛骨开始移动手腕，就会非常轻松。只要稍微改变身体的发力方式，即使没有体力，也能化不可能为可能。如果我知道这些道理，或许就不会搞坏身体了。

从事作息不规律的工作，睡觉时间也会非常分散。疫情之后，我不再工作到深夜，但之前因工作累积形成的生物钟还是比较混乱。早上虽然刚开始起不来床，但只要晒晒太阳，我就起得来了！

身体如愿动起来之后，不仅工作变得轻松，自我肯定感得到提高，头脑也变得更灵活了。我最大的收获是，意识到了自己之前不愿承认的心理问题。比如出现呼吸过度等生病的征兆时，我总是否认，还会把它当作感冒。

　　然而，随着身体变得越来越健康，我开始能够直面自我。当我感觉状态很差时，就决定去医院看看。不出所料，我被诊断患有抑郁症和恐慌症。不过，吃了药之后，症状就减轻了，心情也放松了很多。如果是以前的我，肯定会觉得"自己内心很脆弱，太没用了"。而现在我只会认为"幸亏发现了病情，接下来就好好治疗吧"。正是在长岛先生那里增强了体力之后，我现在才能这么积极地面对。毕竟治病也是需要体力的，烦恼也同样如此。仔细想想，烦恼的过程也许是件好事。

　　厘清思绪之后，我回顾过去，已经能够更好地面对自己。我终于明白，单耳失聪会使自己天生就与他人不同。在与众不同的情况下，我还要做与他人相同的事情，由此给身体带来了负担。并且，努力了却做不到导致自己陷入自责情绪。可是，做不到才应该是正常的。

　　说到变健康，"健康"究竟是一种怎样的状态呢？我发现自己并没有什么印象。随着年龄的增长，越来越多的人表示："想要和那时候一样运动身体。"然而，我并没有所谓的"那时候"。即便如此，现在我的身体变得越来越轻盈，生活也发生了变化。最棒的是，我能够感受来自日常生活的喜悦。比如早晨起得来床、早餐很好吃、散步也很舒服……我也很享受去美容院的时光。假如身心不健康，我恐怕连去美容院的心情都没有。

一直以来，我总是把工作放在首位，但工作并不能关照我的身体。如果你觉得只是肩膀疼或者背疼，可能为时已晚。这是我从这次经历中获得的教训。

来自长岛的解答

岛崎女士的身体真的很糟糕。老实说，我甚至不知道该从何入手。她的背部僵硬、自律神经紊乱、心理还处于不稳定的状态。在整骨院时，我通过导入微弱的电流，帮助她调节自律神经。在她自己家时，我指导她通过鼓起腹部、稳定身体的腹式呼吸来夯实身体的基础。岛崎女士自己也十分自觉。由于自己呼吸较浅，她反复进行深呼吸，持续锻炼腹部，立志要调节好自律神经系统。

经历长期不适的人，恢复也需要时间。一旦状态变好，大脑会判断这不是之前的自己，于是又让你回到以前的状态。有些人会中途放弃，认为"再坚持下去也不会变好"。不过，我们最好设想情况就是这么糟糕。因为很少有人会立刻好转。岛崎女士没有放弃，坚持了下来。这或许是因为，她有着"想让自己健康一次"的目标吧。

我希望她今后能继续加强肌肉力量，来抵抗随着年龄增长而下降的体能。岛崎女士是一位能够独立成事的人。我将在整骨院和健身馆继续为她提供支持，希望她能慢慢减少来访次数，最终健康"毕业"。

案 例 三

40 岁的佐藤先生

中年肥胖、体力下降、双脚变形……

生活中下意识把重心放脚后跟，回过神时已经成功减重 10kg。

能够精力充沛地和孩子在公园玩耍是我最大的快乐

因为拇趾外翻和 X 形腿，我的双脚状态很差。对此，我非常苦恼。同时，年近 40 岁，我开始发现自己的腹围与年轻时有明显的不同。我逐渐感受到体能在小幅度下降，比如早晨起床不利索、上班很快就感到疲惫等。

最明显的是，和孩子在公园一起玩耍时，我的体力已经跟不上了。开始玩了 5 分钟左右，我就放弃了，只能坐在长椅上看着孩子玩耍。我感觉自己很没用。

我向长岛先生咨询的时候，他指出我没有让身体正确发力，因此即使我就这样去健身房做锻炼，也无法治疗我的脚形问题。他还教我有关固定支点的知识，让在我生活中多留意脚底。他告诉我："每天只做 10 秒都行。"最初，我抱着玩玩的心态，开始了练习。

我是个理论先于行动的人。长岛先生从理论层面告诉了我为什么要"重心放脚后跟"站立，以及固定支点为什么重要。这是让我产生动力的原因之一。更何况只要做 10 秒就行。把无须努力作为前提条件，这种想法真的很新颖。

我把动作融入到了日常生活中。比如，早晨刷牙的时候把重心放脚后跟、拿起或放下被子的时候把重心放脚后跟……两周之后，我发现身体变轻松了。接下来，我越来越有动力，增加了深蹲等小型训练。

自从知道了"走路时注意脚后跟"，我不管去超市购物还是使用吸尘器，都会非常留意。

曾经，我以为改善身体的方法就是先买运动服和鞋子，再办健身房会员，最后预约锻炼。因此，我总是找各种借口，比如"工作忙没时间""要优先陪家人"等。然而，长岛先生的指导方法都可以融入日常生活习惯中，我找不到不做的理由。他还指导我做深蹲等运动，同样也可以只做一两分钟。我还会受到表扬："你做到这样就很棒了。"这应该也是我动力十足的原因。

当我持续有意识地让身体正确发力时，我惊讶地发现自己的动作不再杂乱无章。只是站着或坐下就能感觉到不同。在此之前，我从来没有感受过，这种身体不费力又能轻松活动的感觉。

状态好转之后，我和孩子的玩耍方式也发生了变化。我们会在公园里追逐，或者像玩游戏一样互相竞争。即便没有道具也能玩得很开心。孩子脸上喜悦的表情让我的动力更加强劲，便买了哑铃和瑜伽柱，向运动发起了挑战。不过，我只在心血来潮的时候做，规则很宽松。

最近，我打算开始控制饮食。首先坚持早起喝水，下一步的计划还在考虑中。

谁也不知道，我悄悄留意固定支点，并坚持做动作，半年间减重了10kg。即便坐在椅子上，我也能锻炼躯干，让身体紧实。

虽然我也会想：自己以前究竟浪费了多少时光啊……但作为人生的转折点，我很庆幸自己现在意识到了。

虽然知道身体是自己的本钱，但40岁的人往往还是会以工作为先。尽管体力逐渐下降，我还是想咬咬牙，努力拿出工作成果，结果却总是忽视了家庭。练好身体之后，我周末不再闲坐着，而是和孩子一起玩耍。家务也积极承担。现在，我的家庭很美满，生活质量也提升了。重心放脚后跟的方法简直改变了我的人生。

与长岛先生交流之后，我发现被赞赏原来是一件如此快乐的事情。我在工作和家庭中很少获得过赞赏和认可。我自己也很难认可自己。赞赏和认可点燃了我继续努力的热情。

现在，我面临的挑战是早起。虽然我自己想出了解决方案并且正在执行，但还没有取得成效。相信思考下一个方案的过程也将会是一段有趣的时光。

来自长岛的解答

虽然佐藤先生明白自己的问题在哪里，但他却无法采取行动。我告诉他可以从融入日常生活的简单动作开始，于是向他推荐了"重心放脚后跟"的方法。有些男性，如果向他们详细解释和分析原理，他们就会有"试一试"的心态。因此，在行动之前，我对他进行了详细说明。那就是，只要踏出第一步，身体就会慢慢发生变化。两周内，当他的身心都感受到变化时，基于理论所获得的结果也会成为保持动力的重要因素。

现在，佐藤先生的拇趾外翻和 X 形腿已经有所改善。他希望能继续保持踩脚后跟、留意固定支点的习惯。下一步该怎么做？为了身体健康，他会这样反问自身，寻求问题答案，真是太好了。如今，佐藤先生的体重减轻了，又更新了对健康的认识，今后就慢慢增加运动强度吧。

后　记

非常感谢你读到最后。

近几年，健身成为热潮，大街小巷里涌现出许多健身房。由于疫情的影响，越来越多的人开始关心健康，或跑步或散步。

然而，现实中并非所有人都很积极。有人觉得走路很麻烦，有人觉得身体像铅一样重得起不来床，有人不管做什么都做不好……来我院咨询的顾客，已经是在锻炼身体方面领先一两步的人。我相信应该还有许多人拥有同样的烦恼。

我从小学开始打棒球，觉得运动是生活的常态。然而，高中时生了病，使我打消了这样的念头。我经历了挫折、焦虑和恐惧，担心自己的病可能再也治不好了。一方面，我从小就心理脆弱，比赛前一天经常会睡不着。也曾经历过，因为不安和紧张使得身体无法动弹。因此，像"运动很有趣"或者"坚持动起来"这样的话，我没办法很轻松地说出口。我理解大家想动却动不了的痛苦。另一方面，我也非常清楚"改变身体则改变思考""先动后虑"等运动的积极意义。

正因如此，我想帮助患有不适症状的人，想让他们精神焕发。这份愿望比任何人都要强烈。

不管是在整骨院还是健身馆，我不仅会询问顾客不适和疼痛时的情况，还会让患者回忆之前的生活方式，倾听不适带来了怎样的不安和不便、身体好转之后想做什么等各方面的话题。因为，现在的不适和疼痛，是身体、心理、社会三要素互相交织形成的复杂结果。我会从多方面入手，以根本改善为目标开展治疗工作。

大多数医院采取的治疗方法是"对症治疗"，即通过药物缓和咽喉疼痛、咳嗽、发热等表面症状。花粉症就是一个比较好理解的例子。虽然通过药物可以缓解症状，但并不能治愈过敏反应。现状就是，缓解症状可以让人生活得更舒适，但无法解决根本问题。当然，医院也有去除病因和根治疾病的治疗方法。然而，现在的医疗体系还存在很多局限性。

近年来，致力于预防疾病的"预防医学"备受关注。其中包括重新审视生活习惯、运动、接受健康体检等。然而，我们往往在症状出现之后，才会慌慌张张地跑去医院接受治疗。对于生活中 90% 的时间都感觉不舒服的人来说，这些话可能听起来有些刺耳。

即使暂时缓解了不适和疼痛，它们还是会卷土重来。如果不重新思考其中的原因，不适还会循环往复下去。我想，要打破这种恶性循环，不仅要对症治疗，还要从更开阔的视角运用预防医学和病因疗法。

来整骨院和健身馆的大部分人，不仅患有因受伤引起的突发性疼痛，还有慢性不适和疼痛。有些人会认为"总会有办法的""这点痛还能忍"。即便这样想，总有一天会到达极限。最终，他们会向医疗机构求助。

总是感到有些不适的人，肯定也不想一直这样下去。虽然想要做点什么，想要变得健康，但不知道应该怎么做。然而，请不必独自烦恼。向别人求助并不是可耻的事情。

在经验谈中出现的几位当事人，他们用亲身经历告诉我们，"求助别人很好""没必要独自承受痛苦"。

不过，有一点我必须要说。那就是，行动完全取决于你自己。

经验谈中出现的几位，也都是抱着背水一战的心态迈出了第一步，才有了现在的成果。如果你正感到不安和不便，我希望你能踏出这一小步。

俗话说，人活百年。无论活得多么长寿，如果双脚不能走路、卧床不起，那都是非常孤独的一生。很多人担心自己退休后的资金情况，于是努力储蓄和投资，或者购买医疗保险和护理保险。然而，健康方面又如何呢？有的人认为"现在还有精神，没事""我们家有长寿基因""如果生病，买药就行"……明明是自己的事，但好像采取实际行动的人并不多。

即使现在还能活动身体，我们也无法阻挡细胞的衰老。不过，我们自己能够延缓和阻止衰老的速度。不需要特殊的工具和资金。延长健康寿命，只需要你每天行动即可。

"只要动起来就能有所改变。"

听到"动起来"，人们往往会认为是运动。但正如字面意思所示，只是动起来即可。喝一杯水、晒太阳、重心放脚后跟……本书介绍的内容与大家所想的"运动"相去甚远。然而，这些就足以改变那些深受不适折磨的人们的生活。

早晨起床很利索，走路无痛且顺畅。当日常生活变得舒适之后，尝试散步和快走，这样还会增加活动量。睡得好又能活动的喜悦是无可替代的。

从我院健康"毕业"的人都会变得积极向上，沉迷于健康的生活习惯。比如有的反馈"虽然不擅长但我喜欢上了运动""动动身体，压力减轻了""知道发力方法后，身体变得紧实好看了""开始更加注重饮食"等。做得越多就越享受其中。请大家也务必体验一下这种感觉。

当你脑中闪过一秒"必须要改变"的想法，请你马上把重心放脚后跟站立。

这是从负到零，养成健康习惯的开始。

长岛康之

参考文献

[1]『勝者の呼吸法～横隔膜の使い方をスーパー・アスリートと赤ちゃんに学ぼう！』森本貴義、大貫崇 著（ワニブックスPLUS新書）

[2]『「呼吸力」こそが人生最強の武器である』大貫崇 著（大和書房）

[3]『脳の中の身体地図―ボディ・マップのおかげで、たいていのことがうまくいくわけ』サンドラ・ブレイクスリー、マシュー・ブレイクスリー 著、小松淳子・訳（インターシフト）

[4]『Movement（ムーブメント）』Gray Cook 著、中丸宏二ほか 監訳（ナップ）

[5]『動的平衡 生命はなぜそこに宿るのか』福岡伸一 著（木楽舎）

[6]『身体性システムとリハビリテーションの科学1 運動制御』太田順、内藤栄一、芳賀信彦 編集（東京大学出版会）

[7]『改訂版 もっとよくわかる！脳神経科学 やっぱり脳はとってもスゴイのだ！』工藤佳久 著（羊土社）

[8]『腰痛のナゼとナゾ "治らない" を考える』菊地臣一 著（メディカルトリビューン）

[9]『スタンフォード式 最高の睡眠』西野精治 著（サンマーク出版）

[10]『前祝いの法則』ひすい こたろう 著、大嶋啓介 著（フォレスト出版）

[11]『強運の法則』西田文朗 著（日本経営合理化協会）

[12]『最高の体調』鈴木祐 著（クロスメディア・パブリッシング〈インプレス〉）

[13] NOI (Neuro Orthopeadic Institute): Explain Pain

[14] ロリマー・モーズリー presented by Mater Sessions/NOI Group

[15] SASS https: //www.sass-sd.com/medical/

[16] DNS https: //www.sass-sd.com/seminar/dns/

[17] PRI https: //www.prijapan.llc/

[18] NASM https: //trainer.j-wi.co.jp/